図書館の新型コロナ対策ガイド

吉井 潤

青弓社

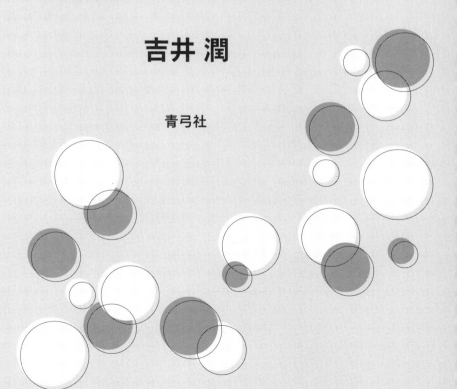

図書館の新型コロナ対策ガイド
目次

第3章 図書館での具体的な対策

臨時休館時・館内利用制限時の対応

トイレ環境からみた新型コロナウイルス感染症対応

装丁——山田信也［ヤマダデザイン室］

はじめに

　新型コロナウイルス感染症（COVID-19）は、さまざまなところに大きく影を落としている。なかでも気になるのは、新型コロナウイルス感染症について報じているテレビ番組で、コメンテーターやゲストが「感染防止対策と経済活動のどちらに軸足を置くのか」とか「経済を回す」とか連呼しているが、「文化を回す」は出てこないことである。文化は経済が回らなければ後回しにする、という考えなのかもしれない。とはいうものの、このまま文化は後回しでいいのだろうかという素朴な疑問もある。図書館は大げさにいえば書籍、雑誌、新聞、データベースがある情報や知識の集積地であり、文化そのものだろう。図書館活動を回すことは、知的な生産活動をおこなうことだ。しかしながら、いますぐに新型コロナウイルス感染症が流行する前のようにすべてを戻せる状態ではない。もしも図書館で5人以上の感染者が出れば、マスコミに「図書館クラスター（集団感染）」とラベリングされ、「はしご酒クラスター」や「部活クラスター」などと同じように取り上げられて、図書館職員は精神的ダメージを受けることになる。

　筆者は、2013年4月に当時29歳で東京都江戸川区立篠崎図書館と篠崎子ども図書館の図書館長になって18年3月まで勤めたあとは図書館の現場を離れたが、現在も図書館の基本構想・基本計画など、さまざまな面からサポートする仕事をしている。いまでも付き合いがある職員から、新型コロナウイルス感染症や対応について多くの悩みや不安を聞く。筆者は日本と海外の公的機関の情報源や学術論文を読むなかで、新型コロナウイルス感染症の特徴がある程度はわかりつつあることから、図書館職員向けのガイド本を作れるのではないかと考えた。

本書は主に公立図書館を想定しているが、一部は大学図書館などのほかの館種でも参考になるだろう。また、第1章「ウイルスの謎を知ろう」と第2章「新型コロナウイルス感染症とは何か」は、図書館関係者だけではなく、飲食店などほかの業界関係者が読んでも、ウイルスそのものや新型コロナウイルス感染症についてのまとまった情報を得ることはできるだろう。

　マスコミはいま話題になっていることを速報的に大げさにクローズアップして情報をただ右から左に流しているのではないかと感じる。私たちは落ち着いて、いま一度そもそも新型コロナウイルス感染症とはどのようなものなのかを整理したほうがいいだろう。

　本書は、筆者がもし図書館長だった場合に、職員がもっている過剰な不安やストレスを和らげることができて、正しく恐れるために「現時点ではこう考えてこうしましょう」「こんなことを検討しましょう」と館内整理日などで職員に話をするつもりで組み立てた。図書館長は、人にもよるが、その仕事は生涯学習課との連絡・調整や人事・労務管理などの管理業務がメインになるかもしれない。館長に求められる資質や能力などにはいろいろあるだろうが、職員のモチベーションを向上させることや不満・不安を取り除くことも仕事に含まれるだろう。新型コロナウイルスは目に見えないものなので不安が高まるのは当然で、館長がわずかでも職員の不安を取り除くことができればいいと考えている。

　以下に、各章の概要を記す。

　第1章「ウイルスの謎を知ろう」では、そもそもウイルスとは何かという基本的なことを書いている。本章は、筆者が図書館長だった2014年7月21日、江戸川区立篠崎子ども図書館に新井哲郎氏を招いて子どもたち向けに「ウイルスのなぞを知ろう！」と題した話をしてもらったものがもとになっている。ウイルスについてとてもわかりやすい内容だったので、本書の出版について新井氏に相談し、7月に再度話をうかがったあと、原

稿の完成前に点検してもらっている。

　第2章「新型コロナウイルス感染症とは何か」では、新型コロナウイルス感染症について2020年8月末までの知見を整理したものである。日本国内では1月に新型コロナウイルス感染症の感染者を確認して以降、現在（9月時点）では4月の頃と比べてある程度はこのウイルスがどのようなものかがわかりつつある。本章では日本とヨーロッパの公的機関にある情報や学術雑誌から多くを引用しているため、より深く知りたい場合は図表の出典や注にある引用・参考文献を見ていただきたい。

　第3章「図書館での具体的な対策」は、図書館でできる具体的な対策をまとめている。基本的には、持続可能な対策である。新型コロナウイルス感染症の患者を受け入れている病院のように厳しい対策をとれば、職員の感染や図書館内でのクラスターリスクを下げることはできるが、ずっと継続すると職員や来館者のストレスがたまるだけになり、いままでの基本的な対策が次第におろそかになってしまう。したがって、「このレベルは意識しておこないましょう」というものを提案している。

　第4章「臨時休館時・館内利用制限時の対応」は、臨時休館・館内利用制限時の対応をまとめている。臨時休館した場合に提供できるサービスとバックヤード業務などである。

　第5章「トイレ環境からみた新型コロナウイルス感染症対応」では、トイレ環境について論じる。日頃、使用しているトイレ環境について意識したことがあるだろうか。主に公立図書館のトイレ環境の話ではあるが、自宅や職場のトイレはどうなっているのか比較してほしい。本章は、日本図書館情報学会第68回研究大会で発表した「新型コロナウイルス感染症対策から捉えた公立図書館のトイレ環境に関する現状調査」をベースにしている。

　第6章「電子図書館（電子書籍貸出サービス）の可能性」は、電子図書館（電子書籍貸出サービス）について、である。新型コロナウイルス感染症の

感染拡大によって図書館が休館したことから、開館していなくてもウェブサイトに接続すれば電子媒体で本を借りることができる電子図書館が注目されている。図書館向けの電子図書館（電子書籍貸出サービス）とはどのようなものなのか、日本図書館情報学会2020年度春季研究集会で発表した「公立図書館における電子図書館（電子書籍貸出）サービスのコンテンツと利用に関する現状調査」を基本にしている。

　本書は個人の見解であって、所属組織を代表するものではなく、また公式見解を示すものでもない。

　筆者は本書で7冊目の出版になるが、今回の出版にあたっては、新井哲郎氏と曾根教子氏それぞれの医学専門家の助言によるところが大きい。厚くお礼を申し上げる。新井氏とは学生時代に早稲田大学生物同好会で同じ植物班だったときからの知り合いで、彼は学部を卒業後、東京大学大学院に進学して「麻疹ウイルスげっ歯類脳馴化株の神経病原性発現に関わるウイルス蛋白の解析」で博士（医学）を取得している。曾根氏は、救命救急の経験があり、第2章と第3章については、医学書ではなく一般書レベルとして誤りがないかを脱稿前にチェックしてもらっている。さらに、第2章で記したベッド上安静の日数と集中治療後症候群（PICS）、ECMO（体外式膜型人工肺）について多くの情報源や文献をご教示いただいた。そのため筆者は初めて、集中治療後症候群（PICS）という言葉を知った。曾根氏には筆者がかれこれ5年くらい前からほぼ毎日行っているベーグル店で知り合って以来、医療現場のことをよく教えてもらっている。

　また、前作『絵本で世界を学ぼう！』（青弓社、2020年）の目途がついた7月13日に本書について相談した折、すぐに出版を決断していただきご尽力くださった青弓社の矢野恵二氏に深くお礼を申し上げる。

2020年9月1日　　　　　　　　　　　　　　　　　　　　　吉井 潤

ウイルスの謎を知ろう

1.1 そもそもウイルスって何?

1.1.1 ● 人間とウイルスの略史

奈良の大仏は、聖武天皇が743年、国家の安寧や疫病から人々が救われることを願って造立を命じたものだ。当時は、大地震や飢饉が続き、天然痘が流行していた。また、戦国武将で有名な伊達政宗は幼少期に天然痘にかかって右目を失明している。日本でははしかが何度も発生し、最も古い記録は奈良時代の737年に発生した赤斑瘡と呼ばれた疫病が該当する。平安時代や江戸時代にも流行していた。[1]

時代は進み、1935年にウェンデル・スタンリーが電子顕微鏡観察のためにタバコモザイクウイルスの結晶化に成功し、ウイルスを確認できるようになった。

1.1.2 ● 人に病気を起こさないウイルスがある

ウイルスは表1-1に示すように、人に病気を起こすものと起こさないものがある。人に病気を起こすウイルスは、インフルエンザウイルス、ムンプスウイルス（おたふくかぜ）などが知られている。人に病気を起こさないウイルスとしては、動物のインフルエンザウイルス、バクテリオファージ、タバコモザイクウイルスなどがある。また、逆に人やヒツジの胎児がウイルスによって出産まで守られていることもわかった。詳細は、山内一也『ウイルスと地球生命』[2]を見ていただきたい。

表1-1　ウイルスの区分

区分	ウイルス例
人に病気を起こすウイルス	インフルエンザウイルス、ムンプスウイルス（おたふくかぜ）、風疹ウイルス、麻疹ウイルス、ヘルペスウイルス
人に病気を起こさないウイルス	動物のインフルエンザウイルス、バクテリオファージ（大腸菌に感染するウイルス）、タバコモザイクウイルス（植物に感染するウイルス）

（作成・提供：新井哲郎氏）

　ウイルスは地球上に生きるさまざまな生物に感染する。感染される側の生物を宿主と呼ぶ。ウイルスはナノの世界（10億分の1メートル）であり、電子顕微鏡でやっと確認できる。単純な大きさだけではなく、遺伝子のサイズや数は細菌よりもはるかに少ない。0.001ミリ＝1マイクロメートル、0.001マイクロメートル＝1ナノメートルである。

1.1.3 ● ウイルスと細菌の違い

　ウイルスと細菌のおもな違いは表1-2に示すように増え方であり、ウイルスはほかの生物の細胞を乗っ取る。この違いのため、ウイルスと細菌は人の体内に入ったときに動きが全然違う。細菌は、自身で増殖し、特定の臓器にくっついて支障をきたす。具体的には、溶連菌は喉に付く細菌で、黄色ブドウ球菌は皮膚や心臓の弁に付く。一方、自ら増えることができないウイルスは、人などのほかの生物の細胞を乗っ取ることで増殖する。

　細胞の表面には、受容体といわれる体内で作られる物質を取り入れるための鍵穴のようなものが存在する。一方、ウイルスは細胞の表面にあるこうした受容体と結合する鍵のような突起（スパイク）をもっているため、うまく鍵と鍵穴がハマるとウイルスは細胞の表面にくっついて細胞のなかに入り込む。そして、ウイルスは細胞の機能を使って自分自身をコピーし、

表1-2　ウイルスと細菌の違い

項目	ウイルス	細菌
大きさ	$20～400\text{nm}$	$1～5\mu\text{m}$
見る方法	電子顕微鏡	光学顕微鏡
増え方	ほかの生物の細胞を乗っ取る（1個→数十～数百個）	2分裂（1個→2個→4個→8個）
遺伝子	わずかな遺伝子しかもたない。足りない分は宿主細胞がもつ遺伝子を流用する	独立した生物として生きるのに必要な遺伝子をすべてもつ

（作成・提供：新井哲郎氏）

コピーされたものが細胞の外に出て、と繰り返しながら体内に広がっていく。

　今回の新型コロナウイルスの鍵のような突起（スパイク）は肺や心臓、目の細胞に多い受容体に合う形ではないかといわれていて、咳や肺炎だけではなく、さまざまな症状の報告がマスコミに取り上げられている。

1.1.4 ●ウイルスは生物なのか

　ウイルスについて話題になると、そもそもウイルスは生物なのかという議論も展開されている。いったい、生物とは何だろう。生物の性質は①自己複製をおこなう、②代謝をおこなう、ことである。ウイルスの特徴は、ほかの生物の細胞を利用して自己複製させ、ウイルスだけの状態では代謝をおこなわない。生物の性質の一部しかもっていないことからウイルスが生物とは断定はできないが、生物ではないとも言い切れない。

　この議論はウイルスが発見された当初からおこなわれていて、表1-3は、生物の定義とウイルスの立ち位置について整理したものである。ウイルスが発見された当時、タバコモザイクウイルスの結晶化がなされた（1935年）。結晶化できるということはタンパク質などと同様に単なる物質では

表1-3　生物の定義とウイルスの立ち位置

提唱者	生物の定義	ウイルスの立ち位置
1943年、理論物理学者エルヴィン・シュレディンガー、川喜多愛郎『生物と無生物の間』	「生物には自己複製と代謝という2つの仕組みが備わっている」	ウイルスは一時的に両者を満たすので生物と非生物の中間
1967年、微生物学者アンドレ・ルヴォフ、2000年国際ウイルス分類委員会の見解	「生命の最小単位は細胞である」「ウイルスは生物ではない」	ウイルスは細胞をもたないので生物ではない
アメリカ航空宇宙局NASA	ダーウィン進化を受けることが可能な自己保存的化学系	一般的な生物の進化とは異なるため生物ではない？

（作成・提供：新井哲郎氏）

ないか、という議論があった。その後、生物の基本単位は細胞だという説が起こり（1967年）、この説明に従うと、ウイルスは細胞をもっていないために生物とはいえない。しかしながら、いまもって生物の定義そのものが定まったとはいえない状況である。ともあれ、病気を引き起こすウイルスはほかの病原微生物との並びで「微生物」として取り扱われることが多いため、本書でもコロナウイルスを微生物として扱う。

1.1.5●ウイルスの種類

　ウイルスとは、ほかの生物の細胞に寄生して、その細胞を乗っ取って増殖する微生物であり、ウイルスの種類によって、どんな生物のどの細胞に感染するか決まっている。地球上にはさまざまな生物が生息しているが、生物それぞれに感染するウイルスがいるということである。
　ロバート・ホイッタカーの五界説によると、地球上の生物は、原核生物（単細胞生物のうち核がない生物）、原生生物（単細胞生物のうち核がある生物や、多細胞であっても組織化の程度が低いもの）、菌類（カビやキノコの仲間）、植物（種子植物やシダなど）、動物（脊椎動物や昆虫類など）に分類できる。ウイル

表1-4 ウイルスの分類と種類

エンベロープ有無	ウイルス	
	DNA	RNA
あり	・天然痘ウイルス （ポックスウイル科） ・ヘルペスウイルス （ヘルペスウイル科）	・インフルエンザウイルス （オルソミクソウイルス科） ・コロナウイルス （コロナウイルス科） ・狂犬病ウイルス （ラブドウイルス科） ・麻疹ウイルス （パラミクソウイルス科） ・エボラウイルス （フィロウイルス科）
なし	・アデノウイルス （アデノウイルス科）	・ポリオウイルス （ピコナウイルス科）

（出典：山内一也『ウイルス・ルネッサンス──ウイルスの知られざる新世界』〔科学のとびら〕、東京化学同人、2017年、18ページ）

スはこの5種類のうちのどこにも分類されない。そして、これらのさまざまな生物に感染するウイルスが発見されている。バクテリオファージは大腸菌に感染するウイルスで、タバコモザイクウイルスは植物に感染するウイルスである。ウイルスに感染すると病気を起こすことがあり、タバコモザイクウイルスがタバコの葉っぱに感染すると、葉っぱがまだら模様になって商品にならなくなる。

　ウイルスには、遺伝情報を担う核酸（DNA または RNA）と、それを覆うタンパク質の殻（カプシド）があり、カプシドを包む被膜（エンベロープ）があるものもある。表1-4は、一度は聞いたことがあるだろうウイルスを大きくエンベロープの有無と DNA 型ウイルスと RNA 型ウイルスに分類したものである。天然痘ウイルスはエンベロープがある DNA ウイルスであり、今回話題になっている新型コロナウイルスは、エンベロープがある RNA ウイルスである。

1.2 どうしてインフルエンザは
毎年流行するのか

　ウイルスというと、いまは新型コロナウイルスをすぐ思い浮かべるだろう。少し前だとインフルエンザウイルスやノロウイルスを思い浮かべていたかもしれない。ウイルスによって感染する経路や場所が違う。たとえばインフルエンザウイルスは、かかった人の咳やくしゃみによってほかの人の上気道の細胞に感染し、呼吸器の細胞を壊しながら増殖する。ノロウイルスは感染した人の嘔吐物や排泄物からほかの人の口のなかに入り、消化管の細胞に感染し、細胞を壊しながら増殖する。

　また、ウイルスによって実施すべき消毒方法が違う。インフルエンザウイルスは、エンベロープをもっていて脂質でできているため、アルコール消毒や石鹸を使った手洗いで破壊でき、エンベロープが壊れることでウイルスが不活化し、感染することはなくなる。

　他方、ノロウイルスは表面に脂質の膜であるエンベロープがないため、タンパク質でできたカプシドといわれる殻がむき出しになっている。タンパク質の構造を壊さなければウイルスの感染性をなくすことができないため、高温にするか塩素系漂白剤などを使わなければならない。したがって消毒がむずかしく、集団食中毒を起こしやすい。新型コロナウイルスはインフルエンザウイルスと同様にエンベロープをもつウイルスなので、アルコール消毒やせっけんによる手洗いが有効である。

　インフルエンザウイルスの形には、球形や長細いものがあり、表面は膜に覆われ、タンパク質でできた突起（スパイク）が2種類ある。ウイルスのなかには遺伝子がある（図1-1を参照）。

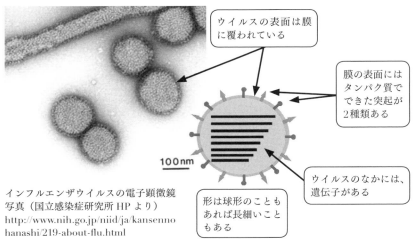

ウイルスの表面は膜に覆われている

膜の表面にはタンパク質でできた突起が2種類ある

ウイルスのなかには、遺伝子がある

形は球形のこともあれば長細いこともある

100 nm

インフルエンザウイルスの電子顕微鏡写真（国立感染症研究所HPより）
http://www.nih.go.jp/niid/ja/kansenno hanashi/219-about-flu.html

図1-1　インフルエンザウイルスの形（作成・提供：新井哲郎氏）

　インフルエンザウイルスは鼻の粘膜や喉の粘膜から上気道に侵入するが、ノロウイルスは、口から消化器へ侵入する。また、日本脳炎ウイルスは蚊に刺されたところから侵入し、B型・C型肝炎ウイルスは傷口などから血液を介して侵入する（図1-2を参照）。体にウイルスへの抵抗力がないとウイルスがどんどん増殖し、それに伴って細胞が破壊されたり機能が損なわれたりして近くの細胞に感染が広がっていく（図1-3を参照）。

　ウイルスに感染してしばらくすると体のなかでウイルスに対する免疫ができ、ウイルスが退治されて体からいなくなる。一般的には、一度体に免疫ができると、同じウイルスが体に入ってきてもすぐに退治できるため、病気の症状が起こらない。このようにして、一度感染した病気にかからなくなる仕組みを免疫記憶という。免疫記憶を利用して病気を予防する方法が予防ワクチンである。ワクチンで予防できるウイルス感染症には次のようなものがある。

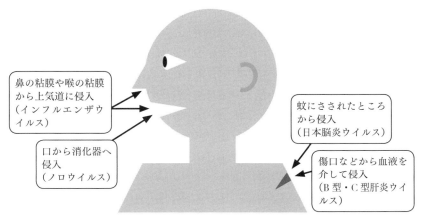

鼻の粘膜や喉の粘膜から上気道に侵入（インフルエンザウイルス）

口から消化器へ侵入（ノロウイルス）

蚊にさされたところから侵入（日本脳炎ウイルス）

傷口などから血液を介して侵入（B型・C型肝炎ウイルス）

図1-2　ウイルスの体内への侵入経路（作成・提供：新井哲郎氏）

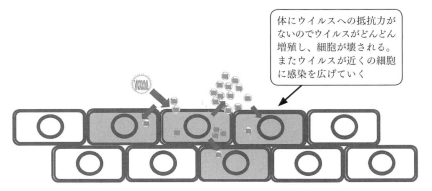

体にウイルスへの抵抗力がないのでウイルスがどんどん増殖し、細胞が壊される。またウイルスが近くの細胞に感染を広げていく

図1-3　ウイルスに最初に感染したとき（作成・提供：新井哲郎氏）

・インフルエンザ
・小児麻痺（ポリオ）
・麻疹（はしか）
・風疹（ふうしん）
・水疱瘡（みずぼうそう）

第1章　ウイルスの謎を知ろう

・おたふくかぜ

・日本脳炎

・A 型肝炎

・B 型肝炎

・子宮頸がん

・ロタウイルス感染症

　さらに日本で接種できる主なワクチンの種類を示したものが表1-5であり、BCG などは子どものときに打ったことがあるだろう。表の☆印はウイルスワクチン、■は細菌ワクチンである。

　インフルエンザウイルスは、遺伝子の変異が速いことから、ウイルスの表面のタンパク質の形が毎年少しずつ変わっている。その結果、せっかく体がインフルエンザウイルスの形を覚えて免疫記憶ができても、次の年には少しだけ変異したウイルスが流行し、免疫の仕組みがうまくはたらかない。これを抗原ドリフト（連続変異）という（図1-4を参照）。インフルエンザはさまざまな動物に感染し、ときどきヒトから動物（豚はヒトと鳥両方のインフルエンザウイルスに感染することがわかっている）に感染することもあり、動物の体内で種類が異なるインフルエンザウイルス同士が混ざってまったく新しい型のウイルスが出現したりする。そうすると、ヒトは誰もが免疫をもっていないために多くの人に感染して大流行（パンデミック）を起こすことがある。これを抗原シフト（不連続変異）という。なお、インフルエンザウイルスは、もともと水鳥やカモの腸管に感染していて、病気を引き起こさない。また、すべての種類のインフルエンザウイルスが、水鳥やカモの糞から見つかっている。

　先ほどインフルエンザウイルスはさまざまな動物に感染すると述べたが、このように動物からヒトにうつる感染症のことを人獣共通感染症といい、さまざまな怖いウイルス感染症も発生している。もともとは動物だけが住

表1-5　日本で接種できるワクチンの種類

ワクチン	感染を予防できる病原体
4種混合	■ジフテリア菌 ■百日咳菌 ■破傷風菌 ☆ポリオウイルス
BCG	■結核菌
MR	☆風疹ウイルス ☆麻疹ウイルス
日本脳炎	☆日本脳炎ウイルス
Hib	■ヘモフィルス・インフルエンザ菌 b 型
肺炎球菌	■肺炎球菌
HPV	☆ヒトパピローマウイルス

（作成・提供：新井哲郎氏）

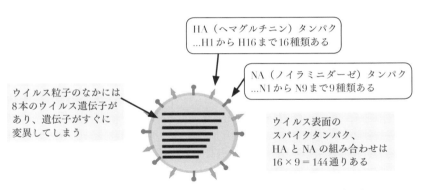

図1-4　インフルエンザウイルスが毎年はやる仕組み（作成・提供：新井哲郎氏）

んでいた森林などの環境を人類が無理に切り開いたために、動物のウイル
スが人類に出合う機会を与えたのかもしれない。

1.3 ほかに気をつけたほうがいいウイルス

　毎年インフルエンザには注意をしたほうがいいが、今後はデングウイルス、ジカウイルスにも気をつけたほうがいいだろう。

　デングウイルスはデング熱、ジカウイルスはジカ熱を引き起こすウイルスである。デング熱は2014年に一時期、日本でも感染が確認された。東京・代々木公園周辺で多くの人が蚊に刺されて感染したと考えられ、国内で合計162人にのぼった。東南アジアや中南米、アフリカで広く流行している。

　ジカ熱は、ブラジルのリオデジャネイロオリンピック・パラリンピックの前に急速に広がってテレビで報じられたから記憶に新しいだろう。両方とも蚊を介して感染する。中南米とまではいわなくても日本の気候が徐々に亜熱帯化してきていることから、今後はこの2つが頻繁にみられるようになるかもしれない。

　デング熱の症状は突然の高熱で発症し、頭痛や眼窩痛、顔面紅潮、結膜充血を伴い、初期症状に続いて全身の筋肉痛、骨関節痛、全身の倦怠感を呈する。発症後3、4日後に胸部や体幹から発疹が出現し、四肢、顔面に広がる。特効薬や特別な治療法はないために対症療法になる。まれに強い出血傾向とショック症状を呈するデング出血熱を発症することがある。

　ジカ熱の症状は、主として軽度の発熱、斑丘疹、結膜炎、関節痛、筋肉痛、疲労感、倦怠感、頭痛などがある。これまでの研究から、妊娠中のジカウイルス感染が小頭症やそのほかの先天性疾患の原因になること、また、ジカウイルス感染がギラン・バレー症候群の原因になることがわかってき

ている。ギラン・バレー症候群とは、末梢神経の障害により、麻痺などが
起こる疾患である。

　海外へ出かけるときは、長袖・長ズボンでなるべく肌を出さないように
し、虫よけスプレーを使うなどして蚊に刺されないよう注意したほうがい
い。また、狂犬病にも気をつけたい。確立された治療法はなく、一度発症
するとほぼ死亡する。イヌだけではなく、ほとんどすべての哺乳類に感染
するため、むやみに動物に触れて噛まれたり引っかかれたりすることがな
いようにしたい。

注

(1) 山内一也『はしかの脅威と驚異』（岩波科学ライブラリー）、岩波書店、2017年、36
　　―41ページ
(2) 山内一也『ウイルスと地球生命』（岩波科学ライブラリー）、岩波書店、2012年、1―
　　5ページ
(3) 「（今さら聞けない＋）デング熱　媒介蚊、6月から要注意」「朝日新聞」2015年5月23
　　日付、20面
(4) 「ジカ熱感染疑い、4月まで12万人　ブラジル保健省」「朝日新聞」2016年6月1日付、
　　13面
(5) 「問3どのような症状が出ますか？」、厚生労働省「デング熱に関するQ&A」（https://
　　www.mhlw.go.jp/bunya/kenkou/kekkaku-kansenshou19/dengue_fever_qa.html）
　　［2020年8月1日アクセス］
(6) 「問18どのような症状が出ますか？」、厚生労働省「ジカウイルス感染症に関する
　　Q&Aについて」（https://www.mhlw.go.jp/stf/seisakunitsuite/bunya/0000109899.
　　html）［2020年8月1日アクセス］

新型コロナウイルス感染症とは何か

2.1 前提知識

2.1.1 ●コロナウイルスとは

　コロナウイルスは、SARS（重症急性呼吸器症候群）の流行以前は、ヒトの鼻風邪の原因のひとつとして知られていたが、ヒトに重症の疾患を引き起こすウイルスがなかったことから医学領域での研究は限られていた。[(1)] コロナウイルスは、ゲノムとして1本鎖のリボ核酸をもつRNAウイルスで、直径約60ナノメートルから200ナノメートルの球形で表面はエンベロープ（脂質二重膜）に覆われている。名称はラテン語のcorona（コロナ）とギリシャ語の王冠または光冠（丸い光の輪）、花冠を意味するコロネに由来する。電子顕微鏡で見ると、図2-1のような王冠のような突起（スパイク）が確認できる。

　コロナウイルス科は、2019年の国際ウイルス分類委員会（ICTV）の分類では、2亜科、5属、26亜属、46種になり、表2-1に示すように、コロナウイルス亜科は大きく4つに分けることができる。[(2)] 表中の太文字で記したヒトコロナウイルス229E、ヒトコロナウイルスNL63、ヒトコロナウイルスHKU1、ヒトコロナウイルスOC43は、その名のとおりヒトに日常的に感染するコロナウイルスであり、風邪の10%から15%（流行期には35%）はこれらが原因である。2020年7月の東京都知事選で「コロナはただの風邪」と選挙ポスターに記した候補者がいたが、この4種類はただの風邪である。とはいっても、風邪をこじらせてしまうケースもある。

　ベータコロナウイルス属のSARSコロナウイルスはコウモリから、

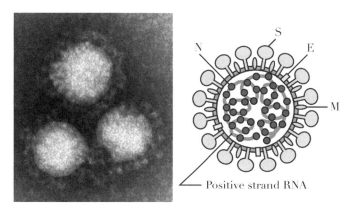

図2-1　電子顕微鏡で見たコロナウイルス
（出典：NIID 国立感染症研究所「コロナウイルスとは」〔https://www.
niid.go.jp/niid/ja/kansennohanashi/9303-coronavirus.html〕〔2020年8月
10日アクセス〕）

　MERS（中東呼吸器症候群）コロナウイルスはヒトコブラクダから感染して
重症肺炎を引き起こすといわれていて、海外で流行した。新型コロナウイ
ルスも動物からではないかといわれているが、断定できていない。
　ネコを飼っている家庭では、アルファコロナウイルス属のネコ伝染性腹
膜炎ウイルスという言葉を聞いたことがあるかもしれない。発病ネコの唾
液や鼻汁、排泄物、それらに汚染された食器などによって鼻や口を介して
感染し、発病すると、ほとんど死亡してしまう。[3]
　養豚業の人は、豚流行性下痢を聞いたことがあるだろう。これは、アル
ファコロナウイルス属の豚流行性下痢ウイルスによるもので、届出伝染病
に指定されている。感染すると、食欲不振や下痢を起こす。生後10日ま
での子豚は高確率で死亡するが、成長した豚は発症しても回復するか、発
症しない場合が多い。ワクチンを接種した母豚の乳を子豚に飲ませると、
発症を防いだり症状を軽くしたりできる。ヒトには感染せず、仮に感染し
た豚の肉を食べたとしても罹患しない。[4]

表2-1　コロナウイルス亜科の分類

分類	詳細（症状）
アルファコロナウイルス属	ヒトコロナウイルス229E（風邪）、ヒトコロナウイルスNL63（風邪）、ブタ伝染性胃腸炎ウイルス（胃腸炎）、ブタ流行性下痢ウイルス（胃腸炎）、イヌコロナウイルス（腸炎）、ネコ伝染性腹膜炎ウイルス（致死性血管炎）、コウモリコロナウイルスHKU6（不明）
ベータコロナウイルス属	ヒトコロナウイルスHKU1（風邪）、ヒトコロナウイルスOC43（風邪）、SARSコロナウイルス、MERSコロナウイルス、新型コロナウイルス（肺炎）、マウス肝炎ウイルス（肝炎）、ウシコロナウイルス（腸炎）、ウマコロナウイルス（腸炎）、イヌ呼吸器コロナウイルス（風邪）、コウモリコロナウイルスHKU4（不明）
ガンマコロナウイルス属	ニワトリ伝染性気管支炎ウイルス（気管支炎）、シロイルカコロナウイルス（不明）
デルタコロナウイルス属	ブタデルタコロナウイルス（胃腸炎）、コウモリコロナウイルスHKU16（不明）

（出典：高野友美／宝達勉「動物とヒトのコロナウイル──2019新型コロナウイルスの流行を受けて」〔https://www.kitasato-u.ac.jp/vmas/download/coronavirus_200220lecture.pdf〕〔2020年8月10日アクセス〕）

　このようにコロナウイルスは、私たちにとって身近なものである。現在、流行している新型コロナウイルスも何年かかければいまよりは落ち着いて対処できるかもしれない。

2.1.2●そもそも風邪はウイルスが原因

　コロナウイルス以外にライノウイルス、RSウイルス、アデノウイルス、ヒトメタニューモウイルスなどが風邪の原因になる。誰もが風邪をひくが、ライノウイルスによる風邪は春と秋、アデノウイルスは冬から夏にかけて流行するなど、ウイルスの種類によって流行する時期が違う。

　不思議なことに、それぞれのウイルスに対して効果的なワクチンはいまだ開発されていない。ウイルスの種類が多いことや重症化する例が少ない、

そもそもワクチン開発の対象にしなかったことが考えられる。新型コロナウイルス感染症と同様に、風邪の原因になるウイルスは感染者の分泌物に触れたり飛沫感染で広がることから、予防策は衛生管理をしっかりおこなうことである。

2.1.3●肺炎は要注意

　咳が続くとただの風邪ではなく、肺炎の可能性がある。肺炎は細菌によるものかウイルスによるものかに大きく分かれて、酸素と二酸化炭素のガス交換をする肺胞に炎症が起こって風邪よりも重い症状が出る。高齢者が肺炎になると、年齢とともに体力が低下していることや腎臓など内臓の機能が低下している場合が多いために、使用できる薬が限られ、若者と比べて死亡率が高い。高齢者の肺炎の原因として多い肺炎球菌による感染を予防するためには、肺炎球菌ワクチンの接種を受けることも重要である。

2.2　新型コロナウイルス感染症の概要

2.2.1●ウイルス名と病名は違う

　連日の新型コロナウイルス感染症の新規感染者数を報じるテレビを見ていると「新型コロナ」や「コロナ」と略されているのが気になる。新型コロナウイルス感染症は、WHO（世界保健機関）の発表によると、国際公式

名称は severe acute respiratory syndrome coronavirus 2（SARS-CoV-2）
であり、疾患は coronavirus disease（COVID-19）である。素朴にウイル⁽⁵⁾
スの国際公式名称と疾患が異なっていることが気になったのかもしれない。
この理由は WHO のウェブサイトに次のように記してある。

　　ウイルスやその原因となる疾患には、異なる名前がついていること
　がよくある。たとえば、HIV（Human Immunodeficiency Virus ヒト免
　疫不全ウイルス）は AIDS（Acquired Immunodeficiency Syndrome 後天
　性免疫不全症候群）の原因となるウイルスである。人々は、病気の名前
　は知っていても、その原因になるウイルスの名前は知らないことが多
　い。
　　ウイルスや病気の名前をつけるには、さまざまな過程と目的がある。
　　ウイルスは、診断検査、ワクチン、医薬品の開発を促進するために、
　その遺伝子構造に基づいて命名される。これはウイルス学者やより広
　い科学コミュニティがおこなっているため、ウイルスは国際ウイルス
　分類委員会（ICTV）によって命名される。
　　疾患名は、疾患の予防、広がり、感染性、重症度、治療についての
　議論を可能にするためにつけられる。ヒトの疾病に対する備えと対応
　は WHO の役割であることから、疾病は国際疾病分類（ICD）で
　WHO によって正式に命名される。
　　ICTV は2020年2月11日、今回の新ウイルスの名称として「重症
　急性呼吸器症候群コロナウイルス2（SARS-CoV-2）」を発表した。こ
　の名前は03年に発生した SARS 流行の原因になったコロナウイルス
　と遺伝的に関連していることから命名された。関連性はあるが、2つ
　のウイルスは異なるものである。⁽⁶⁾

表2-2　症状の比較

症状	COVID-19	カゼ	インフルエンザ
熱	よくある、37.5℃以上の発熱が4日以上続く	まれ	38℃以上の高熱が突然現れ、3〜4日続く
頭痛	ときにある	まれ	強い頭痛
強い嗅覚・味覚異常	よくある	まれ	まれ
全身の痛み	ときにある	軽い	よくある、しばしば強い
だるさ、脱力感	ときにある	軽い	よくある、しばしば強い
強い虚脱感	ときにある、ゆっくり進行する	決してない	ある（初期からでる）
鼻づまり	まれ	よくある	ときにある
くしゃみ	まれ	よくある	ときにある
せき	よくある、途切れず続く、乾性多い	軽度から中程度	よくある、ひどくなることも

（出典：日本医師会「新型コロナウイルス感染症外来診療ガイド 第2版」2020年5月29日〔http://dl.med.or.jp/dl-med/kansen/novel_corona/shinryoguide_ver2.pdf〕〔2020年8月10日アクセス〕をもとに筆者作成）

2.2.2●嗅覚・味覚異常に注目

　表2-2は新型コロナウイルス感染症、インフルエンザ、風邪の症状について「新型コロナウイルス感染症外来診療ガイド 第2版」（2020年5月29日）に掲載されているものである。インフルエンザは突然38度以上の高熱になるので、すぐ気づくだろう。新型コロナウイルス感染症は、発熱、強い嗅覚・味覚異常、強い虚脱感、咳に注目するといいだろう。朝起きたときに喉がイガイガすると「コロナか」と思ってしまったが、実際は乾燥によるものだったとわかってホッとした人もいるだろう。味覚異常は、舌

も新型コロナウイルスに感染しやすく、味蕾という味を感じる細胞のはたらきが悪くなって味がわからなくなる。普段自炊をしている人は、作っている途中で味見をすることでいつもとは何か違うと感じやすいだろう。自炊をしない人は、適度に辛いカレーや麻婆豆腐を食べてみて、辛みを感じなければ新型コロナウイルス感染症を疑ってみたほうがいい。味覚に注目してみてはどうだろうか。

2.2.3●80%は軽症のまま治癒

　図2-2は、厚生労働省新型コロナウイルス感染症対策推進本部が全国の関係機関と医療機関向けに作成した「新型コロナウイルス感染症（COVID-19）診療の手引き 第2.2版」から引用したものである。80%は軽症のまま治癒するが、20%は1週間程度で呼吸困難など重症化することもあり、さらに進行すると5%ではあるが集中治療室（Intensive Care Unit、略称ICU）に入って治療しなければならない。この区分はテレビでよく聞く軽症、中等症、重症に対応している。軽症は肺炎がないかわずかである場合、中等症では、呼吸困難になり肩で呼吸し、肺の画像を撮ると悪くなっているのがわかる。重症は、呼吸不全で集中治療室に入って人工呼吸器を装着しなければいけない状態である。

　現在の知見では、80%は軽症のまま治癒する一方で、一部の人が集中治療室で人工呼吸器管理などをするまで重症化する厄介なものである。それぞれの自治体の首長や閣僚たちが、経済を回さなければ次は企業の資金繰りが悪化して自殺者が増えると予想し、しかも税金や国債などで休業補償するにも限界があることから、容易にロックダウン（都市封鎖）に踏み切れないのは当然のことである。これが80%が人工呼吸器管理などをするレベルだと、すぐにロックダウンをしなければ医療崩壊を通り越して社会そのものの存続が危うくなるだろう。

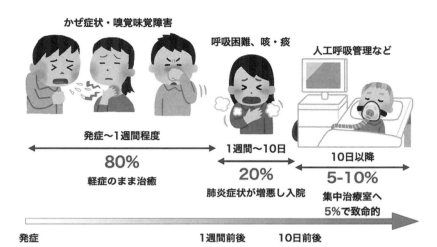

図2-2　経過の様子
（出典：厚生労働省「新型コロナウイルス感染症（COVID-19）診療の手引き 第2.2版」
〔https://h-crisis.niph.go.jp/wp-content/uploads/2020/07/000650168.pdf〕〔2020年8月17日
アクセス〕）

2.2.4●潜伏期間

　現在の潜伏期間は、2日から14日であり、中央値は5日から6日である
ことがいわれている。モデリング研究によると、潜伏期間は症状発現前の
2、3日から14日までであることを提示している。いま、何か調子がおか
しいと感じたら、2週間前までに大人数が集まった飲み会に参加していな
かったか、換気が悪いところで大きな声を出していなかったか、思い出し
たほうがいい。

2.2.5●実効再生産数

　実効再生産数という言葉は、接触8割削減を提唱し、「8割おじさん」と

しても知られる西浦博教授（京都大学）が発言してテレビでも取り上げられるようになった。実効再生産数は1人の感染者が平均何人に感染させるかを時点に応じて求めるもので、時点ごとに異なる値をとりうる。4月3日は2.27だったが、5月11日時点で0.5まで減少した。5月29日には1.05まで戻った。8月30日時点の国内の実効再生産数は0.86だった[9]。実効再生産数が1を下回ると、新規患者は減少に転じて流行は終息に向かう。

2.2.6●感染経路

WHOのウェブサイトでは、現在までの知見を掲載している。要約すると以下のようになる。

　わかりやすい感染は、感染者が咳、くしゃみ、会話、歌を歌ったときなどに排出される唾液や飛沫が直接かかることである。加えて、感染者との直接・間接または密接な接触によっても感染する。飛沫は直径が5－10マイクロメートル以上で、5マイクロメートル未満の飛沫は飛沫核またはエアロゾルと呼ばれる。飛沫感染は、感染者と密接に（1メートル以内）接触しているときにウイルスを含む飛沫を感染者が出して口や鼻、目に到達して感染する。

　物を介した接触感染も意識しなければならない。感染者によって排出された分泌物や飛沫は、表面や物体を汚染する。ウイルスで汚染された物体に触れたあと、口、鼻、または目に触れることによって間接的に起こる。

　そのほかの感染経路としては、一部の患者の尿や糞便を含むほかの生物学的試料からも検出された。1人の患者の尿から生存可能なウイルスが検出され、便検体からウイルスを培養したものがある。しかしながら、現時点では、糞便または尿を介した感染の報告は発表されて

いない。今後、発表される場合もある。

　一部の研究では、血漿または血清中にウイルスが検出されたと報告されていて、ウイルスは血球中で複製することができる。しかし、血液を介した感染の役割は依然として不明であり、血漿中と血清中のウイルス力価が低いことから、この経路による感染のリスクは低いと考えられている。WHOは最近、母乳育児とウイルスに関する科学的概要を発表した。それによると感染した母親の母乳サンプルのなかから、PCR検査によってウイルスRNA断片が見つかったが、生存可能なウイルスは見つかっていない。[10]

　最近、マスコミでも取り上げるようになったエアロゾルという言葉がある。1粒の飛沫には1,000個のウイルスが付着している可能性があり、大きな飛沫は落下するが、エアロゾルは浮遊する。エアロゾルについては現在も研究や分析をおこなっている。屋内のクラスター事例では、飛沫感染と組み合わせたエアロゾル感染の可能性が示唆されている。混雑した空間や換気が不十分な空間など、特定の屋内で感染者と長時間一緒にいる場合の近距離エアロゾル感染を否定することはできない。

　また、飛沫感染やドアノブなどの物を介した感染も、これらのクラスター内での人から人に感染した可能性がある。そのうえ、これらのクラスターの密接な接触環境は、特に手指衛生をおこなわず、物理的な距離を保たずにマスクを使用しなかった場合には、多くの人への感染を容易にした可能性もある。さまざまなことが要因になってクラスターが発生していると考えるほうが自然だろう。

　一時期は「夜の街」「夜の街関連」が感染拡大の場として狙い撃ちされたが、家庭内感染も増えつつある。前述したような空間のモデルの典型が家庭内ではないだろうか。ほかに家庭内感染のリスクが高いのは唾液によるものである。本書が出版される頃には秋の味覚が出回り、寒くなるとと

第2章　新型コロナウイルス感染症とは何か

表2-3　新型コロナウイルスの材質表面生存期間

素材	新型コロナウイルス存在期間
紙やティッシュ	3時間
銅	4時間
段ボール	24時間
木材	2日間
布	
ステンレス	2—3日間
プラスチック	3日間
ガラス	4日間
紙幣	
サージカルマスク内側	
サージカルマスク外側	7日間

(出典：Neeltje van Doremalen, Trenton Bushmaker, Dylan H. Morris, Myndi G. Holbrook, Amandine Gamble, Brandi N. Williamson, Azaibi Tamin, Jennifer L. Harcourt, Natalie J. Thornburg, Susan I. Gerber, James O. Lloyd-Smith, Emmie de Wit and Vincent J. Munster, "Aerosol and Surface Stability of SARS-CoV-2 as Compared with SARS-CoV-1," *The New England Journal of Medicine*, 382（16）, Apr 16. 2020〔https://www.nejm. org/doi/10.1056/NEJMc2004973〕［2020年8月10日アクセス］, Alex W H Chin, Julie T S Chu, Mahen R A Perera, Kenrie P Y Hui, Hui-Ling Yen, Michael C W Chan, Malik Peiris and Leo L M Poon, "Stability of SARS-CoV-2 in different environmental conditions" *The Lancet Journals*, VOLUME 1, ISSUE 1, April 2. 2020〔https://doi.org/10.1016/S2666-5247（20）30003-3〕［2020年8月10日アクセス］をもとに筆者作成)

もに脂がのったブリしゃぶなど鍋料理がおいしい時期になる。家族で集まって鍋を囲む機会が増えるのも容易に想像できる。鍋や具材が入った器に取り箸を使わないで直箸を入れると、誰かが新型コロナウイルス感染症に感染していたら家族全員もそうなる可能性がある。次項で示すが、70度になれば5分で新型コロナウイルスは検出されなくなるという報告もある

ので、鍋の温度を気にしていれば防げるかもしれない。とはいうものの、筆者の経験では豆腐を高温で長時間煮ると硬くなっておいしくなくなるが……。

2.2.7●物の表面には何日生存しているのか

　普段生活をしているなかで、物を介して感染しないためには、新型コロナウイルスは何時間、何日生存しているのか気になるところだ。表2-3は、論文のインパクトファクターの高さで国際的に信頼されている世界五大医学雑誌である「ニューイングランド・ジャーナル・オブ・メディシン (The New England Journal of Medicine)」と「ランセット（The Lancet)」に掲載された論文をもとに作成したものである。実験は、ウイルスを含む水滴をさまざまな素材の表面に5マイクロリットル垂らして、室温22度、湿度65%の環境下で維持したりなど、ウイルスにとって環境がいい状況下でおこなったものである。

　ステンレスやプラスチック、ガラス、紙幣の表面とサージカルマスクの内側では、4日間まで感染性があるウイルスを検出できた。「ランセット」に掲載された論文では、培養温度を70度に上昇させたところ、ウイルスの不活化までの時間は5分に短縮された。これらの存在期間については、普段の生活では過敏になりすぎる必要はない。あくまでも参考程度に把握するだけでいたほうが息が詰まらなくてすむだろうが、マスクの外側を触らないようにすることが大事であることは気にしたほうがいい。

2.3 これまで判明している症状

2.3.1 ●海外のデータ

　新型コロナウイルス感染症については、ヨーロッパ疾病予防管理センター（European Centre for Disease Prevention and Control、略称 ECDC）のウェブサイトに掲載されている報告がわかりやすいだろうから、以下に要約したものを示す。ここは、ヨーロッパでの伝染病予防の強化を目的に2005年に設立された機関である。

　表2-4は、軽症または中等症の患者1,420人を対象にした症状を示したものである。頭痛（70.3%）、嗅覚障害（70.2%）が70%を超えていることが特徴的であり、咳も63.2%と割合が高いことが示されている。

　最新の国際重症急性呼吸器・新興感染症協会（International Severe Acute Respiratory and Emerging Infections Consortium、略称 ISARIC）では、幅広い臨床症状をもつCOVID-19の入院症例2万5,849例が報告されている。入院時の症状として最も多かったのは、発熱、息切れ、咳、疲労・倦怠感、錯乱の5つである。

　また、主に中国の患者4,203人のデータを分析したところ、発熱（80.5%）、咳（58.3%）、呼吸困難（23.8%）が最も一般的な症状だった（表2-5を参照）。高血圧（16.4%）、心血管疾患（12.1%）、糖尿病（9.8%）が最も一般的な併存疾患であることも明らかになった。

　イングランド、ウェールズ、スコットランドの急性期病院に入院した患者2万133人を対象にした研究では、咳、痰、息切れ、発熱を伴う呼吸器

症状群、筋肉痛、関節痛、頭痛、疲労を伴う筋骨格系症状群、腹痛、嘔吐、下痢を伴う腸管症状群の3つの症状群が確認された。入院時に消化器症状を呈した患者の29%は、ほとんどが呼吸器症状と関連していたが、消化器症状だけを呈した患者は4%だった。嗅覚と味覚機能障害は、北アメリカ、ヨーロッパ、アジアからの患者1,627人をサンプルとした10件の研究で、52.7%の有病率で一般的な症状といえるレベルで同定された。

　小児で最も一般的に報告されている症状は、発熱と咳である。そのほかの症状としては、消化器症状、咽頭痛・咽頭炎、息切れ、筋肉痛、鼻漏・鼻づまり、頭痛などがある。

　ISARIC COVID-19データベースのデータによると、入院患者の18%（4,752人）がICUまたは高依存性ユニット（HDU）に入院していて、平均在院日数は9.7日、中央値は7日だった（n＝3,458）。このうち、1,567人が死亡し、1,106人が現在も入院中であり、1,591人が回復して退院していて、2020年5月19日現在、488人の記録はない状態である。

　重症の主な合併症は、急性呼吸窮迫症候群（ARDS）である。呼吸器系の合併症に加えて、心筋梗塞、不整脈、心筋症、心不全などの心血管系の合併症、腎不全、脳症、急性虚血性脳卒中などの神経学的合併症にも関連している。脳炎はまれな症例で報告されている。

　重度の場合は、さまざまな臓器で血栓症として現れる凝固異常と関連しているようだ。特に肺の血管を構成する内皮細胞に病変を引き起こし、血管から血液成分が漏れ出して、かつ血液も固まりやすくなり、全身の炎症を引き起こしてARDSを促進するといわれている。オランダのICUに入院し、標準的な血栓予防薬を投与されたCOVID-19の184例のうち31%が血栓性合併症を発症し、主に静脈血栓塞栓症（27%）または動脈血栓症（2.7%）を発症した。

表2-4 軽症または中等症の患者の症状
（n ＝ 1,420）

症状	％
頭痛	70.3
嗅覚障害	70.2
鼻閉	67.8
咳	63.2
無力症	63.3
筋肉痛	62.5
鼻漏	60.1
味覚障害	54.2
咽頭痛	52.9
発熱	45.4

（出　典："Clinical characteristics of COVID-19," European Centre for Disease Prevention and Control〔https://www.ecdc. europa.eu/en/covid-19/latest-evidence/ clinical〕〔2020年8月17日アクセス〕をもとに筆者作成）

表2-5 中国の患者の症状
（n ＝ 4,203）

症状	％
発熱	80.5
咳	58.3
呼吸困難	23.8

（出典：同ウェブサイト）

2.3.2●日本のデータ

　日本国内については、国立国際医療研究センターが2020年8月11日に公開した資料「COVID-19 レジストリ研究に関する中間報告について[12]」がコンパクトにまとまっているので、一部を引用して紹介する。このレジストリ研究の目的は、新型コロナウイルス感染症に感染した患者の臨床像と疫学的動向を明らかにすることである。

　入院時と入院後最悪時の重症度の内訳を示したものが表2-6である。全体の傾向としては、入院中に酸素が不要だったのは1,629人（61.8％）、挿管やECMO（体外式膜型人工肺）を要したのは223人（8.5％）だった。表

表2-6　入院時と入院後最悪時の重症度の内訳（n = 2,636）

	入院後最悪の状態							
	合計		酸素不用		酸素要		挿管等	
	人	％	人	％	人	％	人	％
すべて	2,636	100.0	1,629	61.8	784	29.7	223	8.5
入院時軽・中等症	1,796	68.1	1,463	81.5	302	16.8	31	1.7
入院時重症	840	31.9	166	19.8	482	57.4	192	22.9

（出典：松永展明／大津洋／早川佳代子／寺田麻里／浅井雄介／都築慎也／鈴木節子／豊田あこ／杉浦互／大曲貴夫「COVID-19レジストリ研究に関する中間報告について」国立国際医療研究センター〔https://www.ncgm.go.jp/covid19/0806_handouts.pdf〕［2020年8月15日アクセス］）

表2-7　退院時転帰内訳（n = 1,762）

	自宅退院		転院		長期介護施設・長期療養施設への入所		医療機関以外の施設への入所		死亡		在院日数
	人	％	人	％	人	％	人	％	人	％	日
すべて	1,762	66.9	437	16.6	44	1.7	194	7.4	197	7.5	15
酸素不要	1,253	77.0	185	11.4	24	1.5	158	9.7	7	0.4	14
酸素要	439	56.1	180	23.0	18	2.3	31	4.0	115	14.7	19
挿管等	68	30.6	72	32.4	2	0.9	5	2.3	75	33.8	19

（出典：同報告書）

2-7は退院時転帰の内訳を示したもので、全体では死亡が197人（7.5%）と低めであることが特徴である。

　厚生労働省が発表した、2020年8月5日18時時点の重症者割合（年齢階級別にみた重症者数の入院治療などを要する者に対する割合）と死亡率（年齢階級別にみた死亡者数の陽性者数に対する割合）は表2-8である。全体の傾向としては、60代以上になると重症者の割合と死亡率が高くなる。一方で、40代までの重症者割合は1%もなく、死亡率は20代までは0.0%で、年代

表2-8 重症者割合と死亡率（2020年8月5日18時時点）

	全体	10歳未満	10代	20代	30代	40代	50代	60代	70代	80代以上
重症者割合（%）	1.0	0.7	0.0	0.1	0.0	0.9	1.3	4.8	3.1	2.6
死亡率（%）	2.5	0.0	0.0	0.0	0.1	0.3	0.7	3.5	10.9	23.0

（出典：厚生労働省「新型コロナウイルス感染症の国内発生動向」〔https://www.mhlw.go.jp/content/10906000/000657357.pdf〕〔2020年8月10日アクセス〕）

の差が顕著である。

　連日、テレビの速報で東京都の新規感染者数を発表して蔓延していることはわかるが、エボラ出血熱などのように致死率が高く恐ろしいものではないことが現在の数字から読み取れる。しかしながら、高齢者の重症者割合と死亡率が高いことから、高齢者の流行を抑えないかぎり医療現場はいつまでたっても日常に戻ることはできず、医師や看護師の緊張状態が続いてしまう。病院が新型コロナウイルス感染症の対応で余裕がなくなり、手術や検査には手が回らなくなる可能性が高くなる。

2.4 重症化のリスク要因

　表2-9「重症化のリスク要因」は「新型コロナウイルス感染症（COVID-19）診療の手引き 第2.2版」から引用したものである。65歳以上の高齢者、慢性呼吸器疾患、糖尿病などの持病がある人では重症化しやすい。悪性腫瘍については、今後データがそろえばはっきりしてくるだろう。

表2-9　重症化のリスク要因

項目	詳細
重症化のリスク因子	・65歳以上の高齢者 ・慢性呼吸器疾患 ・慢性腎臓病 ・糖尿病 ・高血圧 ・心血管疾患 ・肥満（BMI30以上）
重症化のリスク因子かは知見がそろっていないが要注意な基礎疾患	・生物学的製剤の使用 ・臓器移植後やその他の免疫不全 ・HIV感染症 ・喫煙歴 ・妊婦 ・悪性腫瘍

（出典：前掲「新型コロナウイルス感染症（COVID-19）診療の手引き 第2.2版」をもとに筆者作成）

2.5　日本人に死亡者数が少ない理由

　欧米に比べて日本人の死亡者数は、2020年8月末時点では極端に少ない傾向が出ている。手洗いをよくしている、靴を脱ぐ文化だから、などさまざまな理由がいわれているがはっきりわからない。

　5月下旬に慶應義塾大学、東京大学医科学研究所、東京工業大学などの異分野の専門家からなる共同研究グループ「コロナ制圧タスクフォース」が立ち上がった。ウェブサイトを見ると、日本を含めた東アジア諸国が欧米と比較して死亡率が低いことについて人種間での遺伝学的な相違が関与する可能性が大きいのではないかと推測し、HLA（ヒト白血球抗原）に注

目している。

　HLA 研究所によると、HLA とは――。

　　HLA（Human Leukocyte Antigen ＝ヒト白血球抗原）は1954年、白血球
　　の血液型として発見され、頭文字をとってこう呼ばれてきました。し
　　かし、発見から半世紀以上を経て、HLA は白血球だけにあるのではな
　　く、ほぼすべての細胞と体液に分布していて、組織適合性抗原（ヒ
　　トの免疫に関わる重要な分子）として働いていることが明らかになりま
　　した。(14)

　一言でいえば、免疫を担当する分子である。医療系のテレビドラマを見
ていると、臓器移植をしたあとの場面で拒絶反応が起きることがあるが、
これは提供者と患者で HLA が一致していないからである。今後、研究が
進めば HLA が関係しているのかどうかがわかるだろう。けれども、アメ
リカやヨーロッパにはさまざまな人種がいるため、人種間で比べるのは容
易ではなく、多くのことが関連している可能性もある。

2.6　完治までは長いこともある

　テレビを見ていると、軽症だった人でもその後も呼吸困難だったり、疲
労感があったり、髪の毛が抜けたりなど、新型コロナウイルス感染症の後
遺症について取り上げている。世界五大医学雑誌のひとつである「ジャー

ナル・オブ・ジ・アメリカン・メディカル・アソシエーション（The Journal of the American Medical Association）」に掲載された論文「Persistent Symptoms in Patients After Acute COVID-19」では、「持続的な症状」と表現している。この論文によると、退院後に追跡調査した143人のうち125人（87%）には、発症から平均60.3日後に評価したときに少なくとも1つの持続的な症状があり、疲労（53.1%）、呼吸困難（43.4%）、関節痛（27.3%）、胸痛（21.7%）がある人の割合が高かった。ほかには、咳、嗅覚・味覚異常、目の充血、頭痛、痰、食欲不振、咽頭痛、めまい、筋肉痛、下痢もあった。44.1% の患者で Quality of Life（生活の質、略称QOL）の低下が観察された。肺炎は重症な病気であり、すぐに完治して社会復帰できるとはかぎらない。新型コロナウイルス感染症も、退院したからもう治ったと捉えるのではなく、完治までは長いこともあると思っていたほうがいいだろう。

2.7 むやみやたらに検査しないほうがいい

最近、多くの人が覚えた言葉のひとつに PCR 検査があるだろう。PCR は、ポリメラーゼ連鎖反応（polymerase chain reaction）の略であり、検査は人体内のウイルス遺伝子を発見するものである。あるクリニックの医師から PCR 検査をしたときの話を聞くと、検査する前に毎回着替えるのは大変だし、鼻から綿棒を挿入して鼻咽頭の細胞や粘液を採取しているときにくしゃみが出て医師のフェイスシールドが汚れたこともあったそうだ。

表2-10　PCR 検査と抗原検査の種類

検査種類	PCR 検査	抗原検査	
		定性	定量
調べるもの	ウイルスを特徴づける遺伝子配列	ウイルスを特徴づけるたんぱく質（抗原）	ウイルスを特徴づけるたんぱく質（抗原）
精度	抗原定性検査より少ない量のウイルスを検出できる	検出には、一定以上のウイルス量が必要	抗原定性検査より少ない量のウイルスを検出できる
検査実施場所	検体を検査機関に搬送して実施	検体採取場所で実施	検体を検査機関に搬送して実施
判定時間	数時間＋検査機関への搬送時間	約30分	約30分＋検査機関への搬送時間

（出典：厚生労働省「新型コロナウイルス感染症に関する検査について」〔https://www.mhlw.go.jp/stf/seisakunitsuite/bunya/0000121431_00132.html〕〔2020年8月20日アクセス〕）

　表2-10は、厚生労働省に掲載されている PCR 検査と抗原検査の種類をもとに作成したものである。テレビで取り上げられるようになった抗原検査は、定性と定量の2種類がある。PCR 検査の感度（感染者を正しく陽性と判定できる確率）は70% であり、100% ではない。PCR 検査や抗原検査をして陰性結果が出て安心するかもしれないが、検査の不正確性はウイルスの有無にはよらないから、PCR 検査で陰性でも、新型コロナウイルス感染症でないとは言い切れないことになる。はじめは陰性でも、時間がたってウイルスが増殖して、結果、検査の陽性率が上がる面のほうが本来であることから、適切なタイミングで検査することが大事である。無症状の人が新型コロナウイルス感染症に感染していないか不安を取り除くために検査したくなる心理はわかるが、どの検査も精度に限界があるため、保健所や医療機関が業務過多である状況を考慮すると、むやみに検査しないほうがいいだろう。基本に戻って、本来は重症化する人を減らすための検査であることを再確認しよう。

　なお、抗体検査は、ウイルスに対する抗体があるかどうかを調べるもの

である。感染後2週間程度してから検出できるので、検査時に感染しているかどうかはわからない。そのため、診断のための検査としては不十分である。[(16)]

2.8 治療方法

2.8.1●治療薬

　有効な抗ウイルス薬などの特異的な治療法がないことから、現在は医療現場では対症療法をしている。雑誌、新聞、テレビではレムデシビル、アビガンなどさまざまな薬を取り上げているが、一般名と販売名を混同して報じているのでどちらかに統一したほうがいいだろう。日本感染症学会では「COVID-19に対する薬物治療の考え方 第6版」（2020年8月13日）を公開し、抗ウイルス薬などの治療の対象と開始のタイミングとして4点を記している。

　1. 酸素吸入・侵襲的人工呼吸器管理・体外式膜型人工肺（ECMO）を要する低酸素血症、酸素飽和度94%（室内気）以下、等の症例では薬物治療の開始を検討する。
　2. 高齢（およそ60歳以上）・糖尿病・心血管疾患・慢性肺疾患・悪性腫瘍、喫煙による慢性閉塞性肺疾患、免疫抑制状態等のある患者においては、特に重症化や死亡のリスクが高いため慎重な経過観察を行い

表2-11 治療薬の一部

番号	一般名	販売名	作用	投与方法
1	レムデシビル	ベクルリー点滴静注液100mg など	抗ウイルス薬	点滴
2	デキサメタゾン	デカドロン錠4mg、レナデックス錠4mg など	抗炎症作用	内服、点滴
3	ファビピラビル	アビガン	抗ウイルス薬	内服
4	トシリズマブ	アクテムラ	抗リウマチ薬	点滴

(出典：日本感染症学会「COVID-19に対する薬物治療の考え方 第6版」2020年8月13日〔http://www.kansensho.or.jp/uploads/files/topics/2019ncov/covid19_drug_200817.pdf〕〔2020年8月20日アクセス〕をもとに筆者作成)

ながら開始時期につき検討する。

3. 無症状者や低酸素血症を伴わない軽症者では薬物治療は推奨しない。

4. PCR などにより COVID-19の確定診断がついていない患者は薬物治療の適応とはならない。[17]

さらに、治療薬についても詳細に記していて、一部を整理したものが表2-11である。アビガンは販売名で、一般名はファビピラビルである。用法・用量は1日目だけ1回1,800ミリグラム×2回、2日目以降は1回800ミリグラム×2回で、最長14日間使用できる。内服であることから1回に飲む量が多いのが特徴的である。

毎年流行するインフルエンザでさえ、治療薬はオセルタミビル（販売名：タミフル）、ザナミビル（販売名：リレンザ）、ラニナミビルオクタン酸エステル水和物（販売名：イナビル）、ペラミビル水和物（販売名：ラピアクタ）、バロキサビルマルボキシル（販売名：ゾフルーザ）しかない。新型コロナウイルスに劇的な効果が期待できる薬がすぐにできる可能性はないと思ったほうがいいし、既存の薬が新型コロナウイルスに有効か否かもっと検証が必要だろう。

2.8.2●ベッド上安静の日数と集中治療後症候群を頭の片隅に

　もし重症化して集中治療室に入ることがあれば、ベッド上で安静にしなければならない日数と集中治療後症候群（Post Intensive Care Syndrome、略称 PICS）についての知識が頭の片隅にあると、そのあとの自分の見通しを落ち着いて考えることができるだろう。

　ベッド上で絶対安静にすると、1日で筋力は2%落ちるといわれている。[18]健常者が17週間安静を保ちながらベッド上に寝ていた場合、上肢には筋委縮はなかったが、下肢では筋の断面積が大腿四頭筋で18%、下腿三頭筋は30%減少したという。[19]長くベッド上にいると、以前のように普通に歩けるまでには時間がかかると思ったほうがいい。

　集中治療後症候群とは、ICU に入室中あるいは退室後に生じる運動機能障害、認知機能障害、精神障害で、患者本人の治療後の経過や患者の家族の精神にも影響を及ぼす。[20]運動機能障害は、肺機能障害、神経筋障害、全般的身体機能障害などがあり、認知機能障害は ICU 退出患者の30%から80%に発症し、精神機能障害は、重症患者の生存者のうち30%はうつ状態にさいなまれ、70%は不安に苦しみ、10%から50%は PTSD（心的外傷後ストレス障害）を発症する。[21]

　ICU ではさまざまな機器を取り付けられ、ときには自分の機器のアラームが鳴り、ときには近くにいる患者のアラームも鳴る。看護師が対応のために行き来するので意外と落ち着かないし、やることも特になく精神的に疲れるだろう。ベッド上安静の日数と集中治療後症候群は、新型コロナウイルス感染症だけに限った話ではないが、もし ICU に入ることがあったら思い出してほしい。

2.8.3●ECMO装着数に注目しよう

　PCR 検査と同様に ECMO（エクモ）という言葉も多く知られるように
なった。ECMO は、Extra Corporeal Membrane Oxygenation の略で、
日本語にすると体外式膜型人工肺である。呼吸不全の患者に使用される人
工肺で、肺のかわりに体外で血液の酸素と炭酸ガスを交換する。

　ECMO は、外科手術や救急で運ばれた患者の状況によって使用する。
新型コロナウイルス感染症に感染して重症化した患者に使うことが増える
と、病院では台数も使いこなせる人も限られるし、1 人の患者に対して数
人が関わることになるので混乱しかねない。使用し始めたときの患者の管
理は特にむずかしい。医師だけではなく、看護師や臨床工学技師が連携し
て患者の肺にダメージを与えないように患者にとって心地いい状態にし、
出血や血栓感染などの合併症に注意しなければならない。

　急性呼吸窮迫症候群（ARDS）を対象に呼吸不全に対する ECMO を分
析した論文によると、合併症の発生率は出血29.3％、大出血10.4％、脳出
血5.4％、肺出血6.4％、静脈血栓4.6％ だった。ECMO は呼吸を維持する
ための治療ではあるが、さまざまな合併症が起こる可能性があり、生死に
関わるということを知っておいたほうがいい。

　筆者は、新型コロナウイルスは、ECMO の使用状況を注視したほうが
いいと考えている。日本集中治療医学会のウェブサイトに「日本
COVID-19対策 ECMOnet　COVID-19 重症患者状況の集計」のページ
があり、「国内 の COVID-19 に お け る ECMO 治 療 の 成 績 累 計」
「COVID-19重症者における ECMO 装着数の推移」「国内の COVID-19
における人工呼吸治療（ECMO 除く）の成績累計」で日々の患者数を確認
できる。これをみれば重症者の状況や ECMO の使用状況が一目瞭然であ
り、医療機関が逼迫しているのか否かがすぐにわかる。このデータをみる

かぎり、8月は4月に比べてECMO使用件数は少ないが7月よりも増えつつあることから、乾燥する秋・冬に一気に増加しないか心配である。

医療現場の逼迫をどう捉えるかは立場によってさまざまだろう。ICUでは看護師が担当する患者は2人以内に制限されていることや、患者の肺の状況を確認するためのCT撮影をするときには複数の看護師や医師、技師がそのつど集まって機器類が外れたりしないように患者を運んだりしなければならないことから、患者1人に対して多くの人員を要する。仮にICUに入る患者1人に対して4人が必要になると、病院は365日24時間体制だから、もう1人入るだけで倍の人手が必要になると考えたほうがいいだろう。

2.9 濃厚接触者の定義

新型コロナウイルスの用語の定義は、国立感染症研究所が「新型コロナウイルス感染症患者に対する積極的疫学調査実施要領（2020年5月29日暫定版）」のなかで次のように記している。以下に引用する。

（用語の定義）
- ●「患者（確定例）」とは、「臨床的特徴等から新型コロナウイルス感染症が疑われ、かつ、検査により新型コロナウイルス感染症と診断された者」を指す。
- ●「無症状病原体保有者」とは、「臨床的特徴を呈していないが、検査

により新型コロナウイルス感染症と診断された者」を指す。

●「疑似症患者」とは、「臨床的特徴等から新型コロナウイルス感染症が疑われ、新型コロナウイルス感染症の疑似症と診断された者」を指す。

●「患者（確定例）の感染可能期間」とは、発熱及び咳・呼吸困難などの急性の呼吸器症状を含めた新型コロナウイルス感染症を疑う症状（以下参照）を呈した2日前から入院、自宅や施設等待機開始までの間、とする。

　＊発熱、咳、呼吸困難、全身倦怠感、咽頭痛、鼻汁・鼻閉、頭痛、関節・筋肉痛、下痢、嘔気・嘔吐など

●「無症状病原体保有者の感染可能期間」とは、陽性確定に係る検体採取日の2日前から入院、自宅や施設等待機開始までの間、とする。

●「濃厚接触者」とは、「患者（確定例）」（「無症状病原体保有者」を含む。以下同じ。）の感染可能期間に接触した者のうち、次の範囲に該当する者である。

　・患者（確定例）と同居あるいは長時間の接触（車内、航空機内等を含む）があった者

　・適切な感染防護無しに患者（確定例）を診察、看護若しくは介護していた者

　・患者（確定例）の気道分泌液もしくは体液等の汚染物質に直接触れた可能性が高い者

　・その他：手で触れることの出来る距離（目安として1メートル）で、必要な感染予防策なしで、「患者（確定例）」と15分以上の接触があった者（周辺の環境や接触の状況等個々の状況から患者の感染性を総合的に判断する）。

●「患者クラスター（集団）」とは、連続的に集団発生を起こし（感染連鎖の継続）、大規模な集団発生（メガクラスター）につながりかねな

いと考えられる患者集団を指す。これまで国内では、全ての感染者が2次感染者を生み出しているわけではなく、全患者の約10-20％が2次感染者の発生に寄与しているとの知見より、この集団の迅速な検出、的確な対応が感染拡大防止の上で鍵となる。⁽²⁴⁾

ポイントは、手で触れることができる距離（目安として1メートル）で、必要な感染予防策なしで「患者（確定例）」との15分以上の接触である。思っているよりも15分は短い。特に食事をしているときはマスクを外しているので要注意である。

2.10 基本は手指衛生と 3密を避けて換気すること

2.10.1 ●考え方

多くの専門家が連日メディアに出るなかで、岩田健太郎氏（神戸大学大学院医学研究科教授）と忽那賢志氏（国立国際医療研究センター）のコメントはわかりやすい。岩田氏は、2002年にペンネーム最上丈二として『バイオテロと医師たち』⁽²⁵⁾を出版している。以前、岩田氏が「東洋経済オンライン」で誰にでもわかりやすい記事を書いていたので一部を紹介しよう。

街を見渡しても、例えばエレベーターのボタンやエスカレーターの手すりなど、人の手はいろんなところを触ります。だから、感染者が

触ったところを全て見つけて対策を取るのは現実的には不可能です。「手指消毒」をしましょう、という話になります。つまり、「ウイルスがどこにいるか分からない」のなら、「どこにでもウイルスがいる前提で考える」ほうに発想を変えるんです。どこかを触ったらアルコールで手指消毒をする。アルコールで消毒すれば、コロナウイルスはすぐに死にます。

もし外でウイルスと接触しても、自分の手に付いているウイルスさえ死んでしまえば、目をこすったり、鼻を触ったり、ものを食べたりしても体内にウイルスが入ることはありません。そうすれば、どこにウイルスがいても結局は関係ないですよね。[26]

コロナに限らず、ウイルスや菌はどこにでもいるから外出したときや気になるところを触ったら手指消毒、うがいをする。顔をあまり触らないようにする。当たり前のことだが、子どもから高齢者まで誰でもできる予防策である。

冬にはインフルエンザの季節になり、新型コロナウイルスとあわせて流行する可能性がある。医師が初診でどちらなのか見分けがつかずに対応が遅れ、感染が拡大することも考えられる。インフルエンザ対策について、忽那氏は次のように述べている。

結局のところ私たちがすべきことはインフルエンザワクチン接種と、手洗い、屋内でのマスク着用、咳エチケット、というシンプルなものであり、これまでのインフルエンザ対策に、新しい生活様式としてのマスク着用などが加わっただけです。

インフルエンザが実際に流行るかどうかは分かりませんが、過度な安心はせず、各自が感染対策を徹底することが流行の抑制に繋がります。

図2-3　ある大学病院の外来用トイレの掲示物（筆者撮影）

　　　　特にハイリスクの方は今年は必ずインフルエンザワクチンを接種す
るようにしましょう[(27)]！

2.10.2 ●手洗いとアルコール消毒

　日常生活を送るなかで、手を使って、ドアノブをつかんでドアを開閉す
る、リモコンでテレビのチャンネルを変えたりする、箸を持って食事をす
る。手にはウイルスや菌がついている可能性が高い。
　手指衛生という言葉をよく聞くが、これは手洗いとアルコール消毒のこ
とである。図2-3は、ある大学病院のトイレに掲示してあるものだ。目に
見える汚れがあるときは石鹸と流水の手洗い、そうでないときは手指消毒
液（アルコール消毒）の案内があり、これは医療現場でもおこなっている。
トイレに入ったときに石鹸を使わないで水でさっと流して終わっている人
をよく見かけるが、石鹸を使って洗い流すことをしなければ意味がない。
とはいえ、石鹸でよく手を洗っていると手荒れでガサガサになる。そこか

らウイルスや菌が侵入しやすくなるため、ハンドクリームやローションで保湿することも大切である。冬になると、食器を洗うのにお湯を使いがちだが、手の脂分を奪ってしまい手荒れの原因になるので注意したい。

　筆者は、スーパーマーケットに入る前に入り口に設置してあるアルコール消毒液を肘でワンプッシュ押しきって手のひらに取り、乾くまで両手で染み込ませるように揉んでいる。たいてい後ろにいた人が「そんなにたくさん出して」みたいな表情をしている。そしてちょっと押してさっと両手につけてパタパタ手を動かして乾かそうとしている。アルコール消毒液はワンプッシュで出しきった量が両手を消毒できる適量なので「もったいない」とは思わないほうがいい。[(28)]

2.10.3 ● うがいは水道水で十分

　8月4日、大阪府の吉村洋文知事と大阪市の松井一郎市長が記者会見をした。そこで吉村知事はうそのような本当の話をするとして、「新型コロナウイルスの軽症患者に、ポビドンヨードを含んだうがい薬でうがいを続けてもらったところ、唾液を使ったPCR検査で陽性になる割合がうがいをしなかった患者に比べて低かった」と発表し、うがい薬の使用を呼びかけた。[(29)]

　しかし筆者は素朴に、次の3点のことを思った。1点目は、石鹸で手洗いをしたあとに水道水でうがいするだけで十分だということである。喉に炎症があるときは抗炎症作用があるうがい薬、細菌予防にはポビドンヨードが含まれているうがい液を使用するくらいでいいのではないか。うがい薬は殺菌効果があるから必要な菌も殺菌するし、粘膜を刺激し傷をつけて感染に弱くなることもある。2点目は、肺にすでに新型コロナウイルスが存在する場合、いくらポビドンヨードを含んだうがい薬でうがいをして口腔をきれいにしても肺までに届かないし、PCR検査結果が正しく出なく

なる可能性が高くなるということである。3点目は2点目とほぼ一緒だが、新型コロナウイルスに感染していたとわかると差別や偏見が怖いから、陽性反応が出ないようにPCR検査をする前にポビドンヨードを含んだうがい薬でうがいをする人が出てくるのではないかということである。

　したがって、いままで「イソジン」などを使っていた人はいつもどおりに使用すればいいだろうが、普段使っていない人が無理して薬局で買わなくても水道水できちんとうがいするだけで十分である。うがいは、朝起きたとき、外から帰ってきたとき、喉が乾燥してイガイガするときにおこなうといい。

2.10.4 ● 3密を避ける

　あらためて3密とは、①密閉空間（換気が悪い密閉空間）、②密集場所（多くの人が密集している）、③密接場面（互いに手を伸ばしたら届く距離での会話や発声がおこなわれる）のことであり、3つが同時に重なる場では、感染を拡大させるリスクが高い。具体例はカラオケボックスや狭いライブハウスである。最近、電車は窓を開けて換気をするようになっていて、マスクをしている人が多いことから3密とは言い切れない。ただ、以前の通勤・通学で多くの人が利用していた東京・埼玉のJR山手線や埼京線のような満員状態では、互いに密接に接触しているから接触感染のリスクが高まる。

　感染リスクは、感染源からの距離が長くなり、接触時間が短くなり、新鮮な空気の換気量が多くなるほど低下する。混み合っているところは「3密ではないか」と一呼吸おいて、行くか行かないか検討したしたほうがいい。

2.10.5 ●マスクを正しく装着する

電車に乗っているとマスクを裏表逆や上下逆に着けていたり、鼻を出していたりする人を見て気になる。マスクを着けるときは箱やパッケージに書かれている説明をよく読んで、正しく着ける。顔にマスクを当てて鼻からあごまでを覆い、マスク上部の芯は鼻に沿うようにしっかり折り曲げて隙間がないようにし、表面のヒダが下向きになるように着ける。マスクを外すときは、マスク本体にウイルスや菌が付着しているかもしれないので触らないように耳にかかっているゴムの部分を持って外して何かに吊るす、マスクケースに入れる、所定の場所に置くなどしてマスクの表面に触れないようにする。再度、装着するときは耳にかかる部分を持って装着する。

人の癖なのかもしれないが、会話をしているときやコンビニエンスストアのレジにいる店員がマスクの表面を触っていたり、外すときにマスク本体を持っていたりして気になる。

2.10.6 ●換気

室内にいるときにマスクをせずに咳やくしゃみをして飛沫が生じてエアロゾルが漂うとほかの人も感染するリスクが高まることから、空気の入れ替えが必要である。冷房や暖房は室内の循環だけでエアロゾルを漂わせていることになるので、換気が不十分である。空調設備に換気機能があれば窓を開ける必要はないが、ない場合は30分に1度は窓を全開にした換気が必要である。室内の空気をしっかり入れ替えるには、窓を対角線上に2カ所以上開けて空気の通り道を作る。

厚生労働省は4月3日、クラスター対策として、商業施設などでの「換気の悪い密閉空間」を改善するための換気についてのリーフレットを改訂

した。リーフレットによると、ビル管理法（建築物における衛生的環境の確保に関する法律）の空気環境の調整に関する基準に適合していれば、必要換気量（1人あたり毎時30立方メートル）を満たすことになり、「換気が悪い空間」には当てはまらないと考えられる[30]。窓の開放による方法では、部屋の空気がすべて入れ替わる回数を毎時2回以上（30分に1回以上、数分程度窓を全開）とすることとある。

注

(1) 田口文広「3. コロナウイルス」、「特集 Positive Strand RNA Virus のウイルス学」「ウイルス」第61巻第2号、日本ウイルス学会、2011年、205—210ページ

(2) "Taxonomic Information," International Committee on Taxonomy of Viruses (https://talk.ictvonline.org/taxonomy/)［2020年8月10日アクセス］

(3) 「猫伝染性腹膜炎（FIP）［ペット］」情報・知識imidas 2018、「JapanKnowledge」(https://japanknowledge.com)［2020年8月10日アクセス］

(4) 「豚流行性下痢（PED）［イミダス編 社会・健康］」情報・知識imidas 2018、「JapanKnowledge」(https://japanknowledge.com)［2020年8月10日アクセス］

(5) "Naming the coronavirus disease（COVID-19）and the virus that causes it," World Health Organization (https://www.who.int/emergencies/diseases/novel-coronavirus-2019/technical-guidance/naming-the-coronavirus-disease-(covid-2019)-and-the-virus-that-causes-it)［2020年8月10日アクセス］

(6) "Why do the virus and the disease have different names?," World Health Organization (https://www.who.int/emergencies/diseases/novel-coronavirus-2019/technical-guidance/naming-the-coronavirus-disease-(covid-2019)-and-the-virus-that-causes-it)［2020年8月10日アクセス］

(7) "Epidemiology of COVID-19," European Centre for Disease Prevention and Control An agency of the European Union (https://www.ecdc.europa.eu/en/covid-19/latest-evidence/epidemiology)［2020年8月17日アクセス］

(8) 北海道大学大学院医学研究院社会医学分野医学統計学教室「感染症数理モデル；Sequential SEIR model」(https://biostat-hokudai.jp/seirmodel/)［2020年8月18日アクセス］

(9) 荻原和樹「新型コロナウイルス国内感染の状況」、「東洋経済オンライン」(https://toyokeizai.net/sp/visual/tko/covid19/)［2020年8月31日アクセス］

(10) "Transmission of SARS-CoV-2: implications for infection prevention precautions," World Health Organization (https://www.who.int/news-room/

commentaries/detail/transmission-of-sars-cov-2-implications-for-infection-prevention-precautions）［2020年8月18日アクセス］

(11) "Clinical characteristics of COVID-19," European Centre for Disease Prevention and Control An agency of the European Union（https://www.ecdc.europa.eu/en/covid-19/latest-evidence/clinical）［2020年8月17日アクセス］

(12) 国立国際医療研究センター「COVID-19 レジストリ研究に関する中間報告について」（https://www.ncgm.go.jp/covid19/0806_handouts.pdf）［2020年8月15日アクセス］

(13) 東京大学医科学研究所「共同研究グループ「コロナ制圧タスクフォース」発足——新型コロナウイルス感染症の遺伝学的知見に基づいた COVID-19粘膜免疫ワクチンの研究開発を促進」（https://www.ims.u-tokyo.ac.jp/imsut/jp/about/press/page_00005.html）［2020年8月17日アクセス］

(14) HLA 研究所「HLA とは」（http://hla.or.jp/about/hla/）［2020年8月17日アクセス］

(15) Angelo Carfi, MD Roberto Bernabei, MD Francesco Landi, MD, PhD for the Gemelli Against COVID-19 Post-Acute Care Study Group, "Persistent Symptoms in Patients After Acute COVID-19," *The Journal of the American Medical Association*（https://jamanetwork.com/journals/jama/fullarticle/2768351）［2020年8月17日アクセス］

(16) 武藤義和「新型コロナウイルスの NOW!! 令和2年7月26日」（https://drive.google.com/file/d/1CsfxGeFDTwQtjIqaQdMWEFvzXGcnN9Nm/view）［2020年8月17日アクセス］

(17) 日本感染症学会「COVID-19に対する薬物治療の考え方 第6版」2020年8月13日（http://www.kansensho.or.jp/uploads/files/topics/2019ncov/covid19_drug_200817.pdf）［2020年8月20日アクセス］

(18) 篠原幸人／上月正博／佐々木正「スポーツ・運動療法はどこまで有効か——一般医へのアドバイスと医師自身の健康寿命延長も考えて」、成人病と死活習慣病編集委員会編「成人病と生活習慣病」第46巻第6号、東京医学社、2016年、645—670ページ

(19) 田島文博／指宿立／上條義一郎／西村行秀／尾川貴洋／西山一成／三井利仁「さまざまな疾患や障がい者にとってのリハビリテーションとスポーツの効果」、同誌685—691ページ

(20) 日本集中治療医学会「PICS 集中治療後症候群」（https://www.jsicm.org/provider/pics.html）［2020年8月31日アクセス］

(21) 日本集中治療医学会「「PICS」とは何か？」（https://www.jsicm.org/provider/pdf/pics01.pdf）［2020年8月31日アクセス］

(22) Sergi Vaquer, Candelaria de Haro, Paula Peruga, Joan Carles Oliva and Antonio Artigas, "Systematic review and meta-analysis of complications and mortality of veno-venous extracorporeal membrane oxygenation for refractory acute

respiratory distress syndrome," *Annals of Intensive Care*, 7（1）:51, 2017 December（https://annalsofintensivecare.springeropen.com/articles/10.1186/s13613-017-0275-4）［2020年8月31日アクセス］

(23) 日本集中治療医学会「日本 COVID-19 対策 ECMOnet COVID-19 重症患者状況の集計」（https://crisis.ecmonet.jp/）［2020年8月20日アクセス］

(24) NIID 国立感染症研究所「新型コロナウイルス感染症患者に対する積極的疫学調査実施要領（2020年5月29日暫定版）」（https://www.niid.go.jp/niid/ja/diseases/ka/corona-virus/2019-ncov/2484-idsc/9357-2019-ncov-02.html）［2020年8月20日アクセス］

(25) 最上丈二『バイオテロと医師たち』（集英社新書）、集英社、2002年

(26) 岩田健太郎「「手指消毒がコロナに1番効く理由」——「引き算の発想」欠如が日本人の疲弊を招く」、「東洋経済オンライン」（https://toyokeizai.net/articles/-/347664）［2020年8月22日アクセス］

(27) 忽那賢志「With コロナ時代に迎えるインフルエンザシーズンはどうなる？」、「Yahoo! ニュース」（https://news.yahoo.co.jp/byline/kutsunasatoshi/20200822-00194484/）［2020年8月23日アクセス］

(28) 佐藤昭裕『感染症専門医が普段やっている感染症自衛マニュアル』SB クリエイティブ、2020年、72—74ページ

(29) 「新型コロナ「うがい薬で陽性減」波紋 大阪府「効果」発表 専門家「使用法誤れば害」」「毎日新聞」2020年8月5日付、27面

(30) 厚生労働省「「換気の悪い密閉空間」を改善するための換気の方法（リーフレット）」（https://www.mhlw.go.jp/content/10900000/000618969.pdf）［2020年8月15日アクセス］

第3章

図書館での
具体的な対策

3.1 最善を尽くしながら 最悪の状態に備える

3.1.1●感染者は出るものとして考える

　第2章では新型コロナウイルス感染症について、現時点で判明していることを整理した。本章では、岩田氏が述べたように、どこにでもウイルスがいる前提で考える。また、一人暮らしの人が新型コロナウイルス感染症に感染し、自宅待機中にマスクをしてスーパーやコンビニに出かけていることがあるそうだから、市中に感染者が紛れて感染が広がっていると考えるほうが自然である。大阪府では、陽性者が職員の説得を無視して宿泊療養施設から脱け出す事態が相次いでいる。自覚症状がなく感染に気づかず図書館に来館している人と接触することで職員が感染する可能性は十分にある。したがって、どれだけ万全の対策をしていても職員のなかから感染者は出る、とみなしたほうがいい。館長か次席（副館長や業務責任者など館長の次の責任者）は、感染した職員を責めない雰囲気を日頃から醸成することが必要である。

3.1.2●全滅しないための職員シフトを作成する

　職員が新型コロナウイルス感染症に感染していることがわかったら、陽性者と接触があった職員は新型コロナウイルス感染症のPCR検査を受けることになり、結果が出るまでには数日程度かかる。場合によっては、全職員が陽性になる可能性もある。そうならないためには、職員が20人程

度いれば10人ずつAチームとBチームに分けてシフトを組んで月間のシフト表を作成する。

　たとえば館長はAチーム、次席はBチームとし、それぞれのリーダーとする。それぞれのチームで早番・遅番を作って、Aチームの職員とBチームの職員の勤務が重ならないようすれば、Bチームの職員から感染者が出たとしてもAチームでできる範囲で対応が可能である。

　しかし、特定の業務担当者をAチームとBチームに分けたりとそれぞれをバランスよく二分するのは容易ではない。業務によってはマニュアルがなくて長年の経験だけでおこなっている場合もある。分けられるもの、マニュアルを作れば業務を進められるものは何か、精査する必要がある。

3.1.3 ● 職員名簿を作成する

　筆者は仕事柄、全国さまざまな図書館で働いている職員と話をする機会があり、職員名簿をもっていない図書館があることに驚くことがしばしばある。最近は大雨などの自然災害が頻発しているのに、職場での連絡方法が確立されていないのは不思議だ。まだ職員名簿がない図書館は、新型コロナウイルス感染症対策のひとつとしてぜひ作成してほしい。

　職員が新型コロナウイルス感染症に感染したことが判明した場合、館長か次席が情報を整理し、速やかに全職員に連絡する。そのためには、最低限、職員から氏名、ヨミ、住所、自宅の電話番号か携帯電話（スマートフォン）の番号とメールアドレスを取得して名簿を作成する。職員の異動や退職もあるため、名簿は適宜更新する。この名簿は、職員のなかに感染者が出たときに保健所とのやりとりに使用するだけではなく、台風や大規模地震などの緊急事態が発生した場合にも使用することを説明する。名簿は館長か次席が厳重に管理し、職員に対して情報を発信する。

　連絡方法は、「LINE」などのSNS（ソーシャル・ネットワーキング・サー

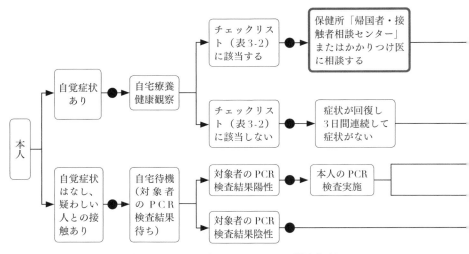

図3-1　本人の感染疑い／感染した場合の対応フローチャート（筆者作成）

ビス）をすべての職員が使用しているとはかぎらないため、携帯電話のメールアドレスに一斉配信する。文面には、読んだ職員はその旨を返信することも記載する。返信がなければ、確認の電話をかける。もし職員数が20人以上いると館長か次席だけでは対応するのは大変なので、資料係や奉仕係などそれぞれの係単位でおこなうといいだろう。

3.1.4●感染が疑われる場合の対応フローチャートを作成する

　実際に何をどうすればいいのかわからなくなって場当たり的な対応にならないように、職員の感染が疑われたり感染が確定する前に対応フローチャートを作成する。作成したら職員に配布して説明することで、もしもの

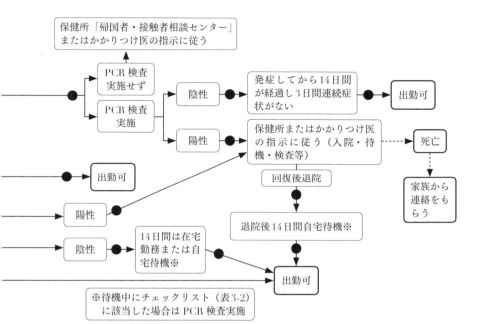

場合にみんなで落ち着いて対処できる。説明すると職員から「この場合は
どうしたらいいのか」と聞かれることがあり、想定していなかった事態や
課題もわかるだろう。加筆と修正をしてバージョンアップしておこう。

　対応フローチャートは、一例として図3-1と図3-2のように職員本人が
感染した場合と家族または同居人の誰かが感染した場合の2パターンが考
えられる。図中の黒丸は、感染した職員から館長か次席が適宜報告を求め
る印である。本人の入院が必要になったら、館長か次席は家族の連絡先も
聞く必要がある。もし重症化して人工呼吸器やECMOを装着することに
なった場合には、本人とは基本的に連絡をとることができない。また、病
院のベッドで長時間を過ごしていることから筋肉量が減少して弱り、退院
と社会復帰には1カ月以上かかることから、すぐに仕事できるとはかぎら

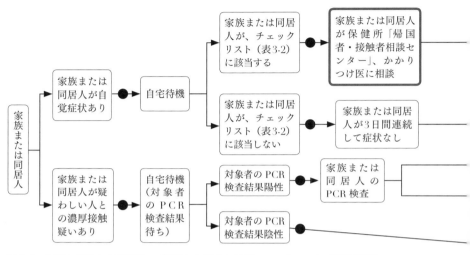

図3-2　家族か同居人の感染疑い／感染した場合の対応フローチャート（筆者作成）

ない。本人が死亡したときも、家族から連絡がくるようにしておくといい
だろう。感染した職員は、家族に職場の連絡先や館長と次席の名前を伝え
ておくことも重要である。判断がむずかしいのは、職員本人ではなく、家
族や同居人の感染が疑われたり、陽性反応が出たりしたときである。入院
すると仕事どころではなくなり、職員本人は出勤できる可能性は低くなる
ことを想定したほうがいい。

　館長か次席は、生涯学習課などの役所内の組織に対して適宜報告する。
人工呼吸器やECMOを装着した重症の職員がいる場合は、人員の要求な
どを役所内部の状況に応じておこなう。業務委託や指定管理者制度を導入
している図書館の場合は、館長か次席が本社社員であるスーパーバイザー
や営業などに速やかに報告し、一枚岩となって落ち着いて対応する。

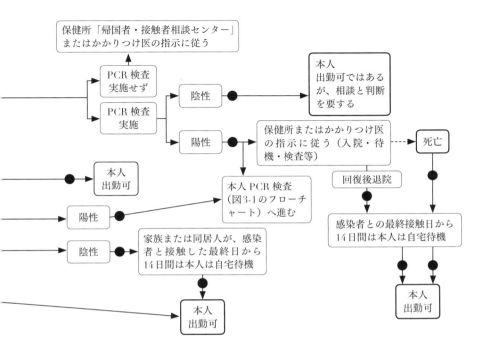

3.1.5●勤務以外の職員行動指針を作る

　館長が職員に勤務以外の行動指針を求めるのは心苦しい。厳しく求めても息が詰まるだけで、守られないだろう。そもそも職員にそこまで強制できるのか考えてしまう。そこで、新聞やテレビで報じられている各種クラスターの発生状況をふまえて、「最低限、これだけはいまは避けましょう」というレベルの行動指針を明確にして職員に納得してもらうしかない。新型コロナウイルス感染症を図書館に持ち込まないようにするためには、職員の理解ある行動が必須である。

　行動指針は状況に応じて変わっていくものである。しかも、多くの事項

を禁止してもきりがないため、大きなくくりで検討したい。現時点での行動指針の例を以下に示す。

①対策が不十分なライブハウスに行くのは避けましょう。※大阪市のライブハウスの事例から[1]

②複数人でカラオケに行くのは避けましょう。※昼カラの事例から[2]

③外食するお店は、新型コロナウイルス感染症（COVID-19）が出ていないか気にしましょう。※ラーメン店の事例から[3]

④対策ができていない、換気が悪い飲食店に行くのは避けましょう。※対策が不十分な店舗の事例から[4]

⑤飲み会は、大きな声を出さなくても会話が容易にできる4人までにしましょう。※大人数の宴会事例から[5]

⑥スポーツクラブの利用は控えましょう。※スポーツクラブの集団感染の事例から[6]

3.1.6 ●保健所対応に必要な書類をすぐ出せるようにまとめる

職員の感染が判明した場合、保健所から職員名簿と日々の勤務状況がわかるもの、館内の図面を求められる。A市立図書館で働いている職員がB市から通っている場合、A市の保健所がB市の保健所に連絡するために、職員本人の住所や電話番号は必要である。

日々の出勤状況は濃厚接触者を特定するために必要なので、その日の出勤者全員がどの時間にカウンターにいたのか、事務室でどのような作業をしていたのかがわかるものを作っておく。カウンター当番だけしかみんながわかるように決めていない場合は、カウンター以外の業務記録が残っていないこともあるため、さかのぼれるように簡易な記録をつけたほうがいい。イメージとしては、次節に示した図3-3のようなものがあると、どこ

で濃厚接触があったのか保健所の職員もわかりやすい。

　館内図面は、感染者がどこにいてどんな仕事をしていたのか、どこでどのように過ごしていたのかを特定するためや、ほかのスタッフが濃厚接触者に該当するかどうかを判断するために使用することから、閲覧室だけではなく、事務室や休憩室、ロッカーの場所も載っているものが必要である。来館者に配布したり公開したりしている館内図では不十分である。

　あわせて、保健所からのヒアリングでは、職場の感染予防対策も尋ねられる。カウンターの状況、スタッフ自身の消毒の頻度、パソコンなどの機器や設備の消毒の頻度、マスク・手袋・フェイスシールドの着用有無については すぐ回答できるように一覧表にしておいたほうがいい。

3.2　図書館勤務の一日の流れ

3.2.1 ●想定

　新型コロナウイルス感染症対策をより具体的にイメージできるように、表3-1のとおりA図書館を想定した。また、ある平日一日の職員一人ひとりの業務の流れを図3-3のように仮定した。

表3-1　A図書館の概要（筆者作成）

項目	詳細
面積	1,000㎡
フロア	2フロア
開館時間	9:00—20:00
蔵書冊数	100,000冊
1日平均来館者数	1,000人
1日平均出勤者数	14人

		8:30	9:00	10:00	11:00	12:00	13:00	14
1	館長		館長業務/休憩					
2	Aさん	開館準備	1Fカウンター	新刊検品	1Fカウンター	交換便	休憩	
3	Bさん		責任者業務	1Fカウンター	交換便	休憩	選書会議	
4	Cさん		1Fカウンター	交換便		休憩	巡回/配架	
5	Dさん		2Fカウンター	交換便		休憩		
6	Eさん		予約担当	巡回	2Fカウンター		休憩	
7	Fさん		在架/予約	1Fカウンター	担当業務	休憩	交換便	
8	Gさん		エラー処理/移送メール	交換便	1Fカウンター	在架	休憩	
9	Hさん					ミーティング	担当業務	1Fカウンター
10	Iさん						責任者業務	2Fカウンター
11	Jさん						1Fカウンター	選書会議
12	Kさん						交換便	1Fカウンター
13	Lさん						1Fカウンター	
14	Mさん						交換便	

図3-3　A図書館での、ある平日の一日の職員と業務（筆者作成）

3.2.2●出勤前と帰宅後の健康管理チェックの実施

　職員には負担をかけることになるが、毎日の健康管理チェックを徹底することで兆候を把握でき、感染拡大を未然に防ぐ可能性が高まる。感染していることがわかったときには、速やかに対応ができ、わからないことによる不安が広まるのを防ぐことができる。表3-2に示すような図書館で共通のチェックリストを作成後、全職員に配布して自宅で出勤前と帰宅後に測定して記録することを依頼する。このチェックリストは、職員それぞれが日々管理するものである。感染が確認された場合にだけ、該当者に提出

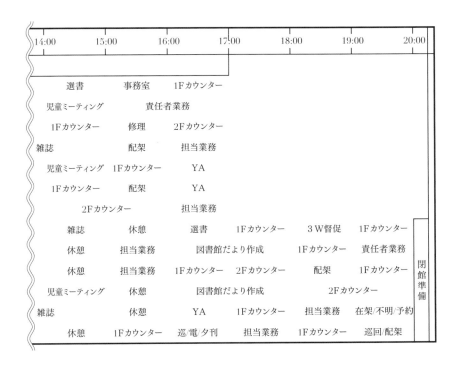

を求める。

　体温測定は出勤前と帰宅後におこなうことで、発熱がいつからかを確認できるようにする。37.3度以上の発熱が続くときや息が苦しい、咳、喉の痛み、鼻水・鼻づまり、体がだるい、嗅覚・味覚異常などの症状がある場合は、無理して家を出るのではなく、すぐに館長か次席、またはその日の責任者に報告する。報告を受けた館長か次席、その日の責任者は状況を加味して出勤の可否を判断するが、基本は無理をさせない。館長か次席、その日の責任者は出勤者全員の日々の健康状態を把握する。

　対応が必要な体温の基準を何度以上と設定するかはむずかしいが、筆者が37.3度以上とした理由は、医療機器の製造・販売の国内最大手テルモ

表3-2　健康管理チェックリスト（筆者作成）

		記入例	9月1日	9月2日			9月30日
①体温	朝（出勤前）	36.5					
	昼（出勤前）						
	夜（帰宅後）	36.8					
②息が苦しい	朝（出勤前）	なし					
	昼（出勤前）						
	夜（帰宅後）	なし					
③体がだるい	朝（出勤前）	なし					
	昼（出勤前）						
	夜（帰宅後）	なし					
④咳	朝（出勤前）	なし					
	昼（出勤前）						
	夜（帰宅後）	なし					
⑤喉の痛み	朝（出勤前）	なし					
	昼（出勤前）						
	夜（帰宅後）	なし					
⑥鼻水・鼻づまり	朝（出勤前）	なし					
	昼（出勤前）						
	夜（帰宅後）	なし					
⑦嗅覚・味覚異常	朝（出勤前）	なし					
	昼（出勤前）						
	夜（帰宅後）	なし					
⑧SpO2（%）	朝（出勤前）	98					
	昼（出勤前）						
	夜（帰宅後）	96					
⑨血圧	収縮期／拡張期	120/80					
	脈拍（分）	77					

図3-1、図3-2のチェックリストに該当するものは以下のとおりである
・以下のいずれかに該当する場合は3日間待たないですぐ相談する
①体温が高熱（38.0度以上）
②息が苦しい
③いつもより体がだるい
・③〜⑦が4日間続く場合は相談する

のテルモ体温研究所のウェブサイトに「日本人の体温の平均値は36.6℃から37.2℃のあいだ」と紹介しているからである。つまり、つまり36.6度から37.2度の間であれば平熱とみなせる。このウェブサイトには体温計の正しい使い方も図示していて、体温計は斜め下から脇下に当て、測るほうの腕の手のひらは上向きにする。なお感染症法では、37.5度以上を発熱、

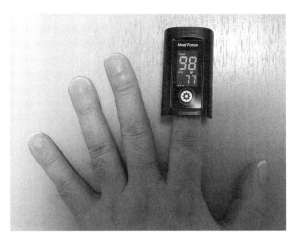

図3-4　パルスオキシメータの使用（筆者撮影）

38.0度以上を高熱と分類している。

　表3-2のなかのSpO2とは、血液中にどの程度の酸素が含まれているか
を示したものであり、パルスオキシメータがあれば容易に測定できる。測
定した結果、一般的に96%以上が正常である。「新型コロナウイルス感染
症COVID-19診療の手引き 第2版」によると、3%の誤差が予測される
のでSpO2 ≦ 93%を呼吸不全の定義としている。現在はパルスオキシメ
ータを簡単に購入することができるため、図3-4のように筆者は毎日測定
している。脈拍が安定する20秒から30秒後の数値を計測結果としたほう
がいい。経験上、95%を下回ると息苦しい。基礎疾患があるために自覚
症状として息が苦しいのがわからない場合や、酸素飽和度が低いのが慣れ
ている場合には、パルスオキシメータで日々測定し記録していると兆候が
わかるだろう。

　血圧は、高血圧と医師に言われて日々測定している職員は記録をつけて
おいたほうがいい。嗅覚・味覚異常などは、普段と比べて少しでも違和感
があれば気にすることが大事で、無理をしないことが大切である。

表3-3　検温シート（筆者作成）

氏名	9月1日	9月2日		9月30日
Aさん	36.8			
Bさん		36.9		
Cさん	36.5			
Dさん		37.1		
Eさん	36.6			
Fさん		36.4		

3.2.3●職場到着後の検温実施

　職員が家から出る前だけではなく職場に到着した時点でも検温を実施し、表3-3のような検温シートに記入することで互いに安心できる。非接触型の体温計を用いることが望ましいが、品薄などで入手不可能な場合は一般的なものを使う。出勤前は平熱だった職員の体温が職場到着時に37.3度以上の場合、その場で館長か次席、その日の責任者に報告する。報告を受けた者は、その職員に自宅に帰ってもらうか医療機関に行ってもらうか検討する。無理をして勤務をさせない。

3.2.4●更衣室での会話は注意する

　出勤と退勤の際には更衣室で着替える場合があるが、図書館の更衣室は狭く、ほかの職員もいると3密になりやすい。つい、来館者からひと言もらってうれしかったことや、対応に困った利用者の話で盛り上がるのは理解できる。しかし、飛沫感染と濃厚接触を防ぐためには、声を小さくして会話をなるべく減らす。理想は、無言で着替えてすぐ更衣室を出ることで

ある。

　更衣室は扉を閉めていることが多いので、ドアノブなどを触る前に手を
アルコール消毒できるようにするか、各自が非接触で扉を開けられるよう
にすることが大切である。

3.2.5 ● 事務室の簡易な清掃実施

　図書館によっては、一人ひとりに席とパソコンが与えられている場合と
複数で共有している場合もあるため、朝出勤した際には簡単な清掃をする。
アルコール消毒液で手を消毒したあとに、除菌シートを使って机、電話、
パソコンのモニター、キーボード、マウスを拭く。ノート型パソコンを複
数の職員で共有している場合は、盗難防止のために閉館後にキャビネット
にしまっていることが多いため、キャビネットの取っ手を除菌シートで拭
いてからパソコンを取り出してよく拭く。

　事務室にコピー機や印刷機を設置している図書館は、ボタンや液晶パネ
ルを除菌シートで拭く。不特定多数の人がよく触るため要注意である。

3.2.6 ● 基本は1業務1手指アルコール消毒の実施

　図書館は、一日の業務を職員みんなで分担していて、1人の職員が1階
カウンター、新刊の検品、交換便、選書などをおこなう場合がある。全職
員がそれぞれの業務の交代時に手指アルコール消毒をすることで、感染拡
大の防止をめざす。ついそのまま次の業務をしがちになるが、カウンター
や事務室などの各所にアルコール消毒液を設置してみんなで意識する。交
代の時間は余裕をもって5分程度、消毒のための時間をみる。

3.2.7 ●パソコン使用前後の手指アルコール消毒の実施

　パソコンのキーボードやタブレット端末などを通じた感染など、医療従事者間での感染拡大が疑われるケースも出てきている[8]。
　パソコンなどみんなで使うものは、使用前後の手指アルコール消毒を徹底する。カウンターだけではなく、事務室などに設置してあるパソコンも、資料の発注・登録、督促などさまざまな業務で複数の職員が使用している。できれば、マウスなどは1日に1回は除菌シートで拭くことが望ましい。

3.2.8 ●朝礼は手短におこなう

　図書館を開ける前に全職員が集まって申し送り事項などを共有する場合があるが、3密にならないように手短におこなう。詳細についてはノートかフラットファイルにまとめて、各自が見るようにする。

3.2.9 ●抜き打ちで互いに簡単なチェックを実施

　朝の開館後に、館長か次席、その日の責任者は、職員に対して表3-4に示したチェックシートを用いて業務に支障がないタイミングを見計らって抜き打ちで確認する。自宅から職場までは正しくマスクを着用して通勤しているだろうが、業務中に一度外したあとは装着が不十分になっていることも考えられる。ゴム手袋を装着して業務をしていても、外したものをゴミ箱ではなく机に無造作に置いていては対策が不十分である。館長か次席、その日の責任者は、職員が十分な対策ができていないときは「ダメじゃないか」としかるのではなく「気をつけましょう」と優しく声をかける。通常とは違う状態で職員に負荷がかかっているときに輪をかけてしかること

表3-4 チェックシート（筆者作成）

番号	項目	9月1日		9月30日
1	出勤前と帰宅後に健康管理チェックをしている	○		
2	自宅から正しくマスクを着用し通勤している	○		
3	現在正しくマスクを装着している	○		
4	マスクやゴム手袋などの着脱ができている	○		
5	手指消毒ができている、お互いに声かけをしている	○		
6	1業務1アルコール消毒	○		
7	PC使用前後のアルコール消毒ができている	○		
8	使用したマスクやゴム手袋の廃棄が正しくできている	○		
9	未使用のアルコール、マスク、ゴム手袋などと使用ずみのものと一緒に置いていない	○		
10	事務室や作業場の清掃を1日1回以上している	○		
11	マスクが外れている来館者に対して声かけをしている	○		

は、モチベーションの低下につながり、パワハラ上司と思われてもおかしくない。

3.2.10●感染防護具チェック

　カウンター業務や配架・書架整理などのフロア業務は来館者と接触することが多いことから、職員一人ひとりが過度にならない程度に感染防護具を装備することが求められる。装着するものは防具ととらえれば徹底もむずかしくない。考えられる感染防護具には表3-5に示したものなどがある。
　図書館は医療現場ではないので、マスクを正しく装着して手指衛生をしっかりおこなえば十分だろう。マスクがなくなった場合には、布マスクを使用するだけでも一定の効果はある。カウンターでは利用者対応が多いために感染予防としてゴム手袋の装着があるが、医療従事者のように手袋を

表3-5　感染防護服一覧

番号	防護具	留意事項など
1	マスク	・全国マスク工業会の会員マークがパッケージに印刷されているマスクを正しく装着する ・N95マスクを着用する必要はない ・消毒や洗浄による再利用は、マスクによっては性能が低下する可能性があるため望ましくない
2	アイゴーグル	・飛沫感染を気にするのであれば装着する ・咳やくしゃみで放出された飛沫が目の粘膜に付くのをブロックする ・水中メガネ、花粉メガネ、スキーのゴーグルでも代用できる ・再利用するときは、アルコールで適切に消毒する
3	フェイスシールド	・無理をして装着する必要はない ・サイズが合わないと隙間からウイルスが侵入する可能性がある ・使用したくても入手不可能な場合は、透明なクリアファイルを加工して装着することでも代用できる ・再利用するときは、アルコールで適切に消毒する
4	手袋	・手指衛生を徹底することで感染を防げるため、無理して装着する必要はない ・手袋を装着していることによって手指衛生をおろそかにするリスクがある ・手袋をつけたままアルコール消毒を多くおこなうことで劣化により亀裂が生じることがあるので確認が必要である
5	使い捨てエプロン	・装着の必要はない
6	シューズカバー	・装着の必要はない
7	アームカバー	・装着の必要はない

（出典：前掲「新型コロナウイルス感染症外来診療ガイド　第2版」をもとに筆者作成）

正しく外さないと結局は意味がない。消毒剤や洗浄剤、医薬品、食品を製造する化学・日用品メーカーのサラヤが作成した医療従事者向けのウェブサイトでは、手袋の着脱方法を動画で見ることができる[9]。ゴム手袋をした状態でアルコール消毒していると劣化して亀裂が生じたり、手袋をしていることで安心して手指衛生がおろそかになると効果はない。使用するのであれば、特定の業務に限定してはどうだろうか。

マスクだけでは心配ならば、飛沫が目の粘膜に付くのをブロックするためにアイゴーグルの着用を検討してほしい。水中メガネやスキーのゴーグルでも代用できる。フェイスシールドは実際に装着してみると大きくかさばる。動きにくく、ぶつかることもあって動きがぎこちなくなることから、マスクを装着できるのであれば無理をして装着する必要はないだろう。ICU で治療の最前線にいる医療従事者であれば、使い捨てエプロン、シューズカバー、アームカバーは必須だが、図書館は医療現場と類似する状況ではないから装着の必要はない。

ある図書館では、カウンターにいた職員がマスク、フェイスシールド、アイゴーグル、手袋を装着していたのが印象に残っている。気温が上がると熱中症リスクがあることから、短時間の利用者対応が多い図書館であれば過度な防護具の装着の必要はないだろう。

さらに、状況によっては防護具を外す場面があるだろう。正しく外して所定の場所に置かなければ、感染予防対策としては不十分である。マスクや手袋を外したあとは無造作に机などに置かず、ゴミ箱にきちんと捨てる、職員みんなで決めた場所に置く、などを守ることが大切である。

3.2.11 ●カウンター業務

カウンター近くにアルコール消毒液を常備し、カウンター業務の前に手指消毒をする。また、カウンターが混んでいないときは無意識のうちにマスクや髪の毛を触ってしまうことがあるが、ウイルスがすでに付着している場合が考えられるので触らないよう注意する。

次の職員と交代するときは、アルコール消毒液で手指消毒をする。キーボードやマウス、バーコードリーダー、モニターなどを除菌シートで拭くことも感染予防につながる。曜日や時間帯によってはカウンターの前に利用者の列ができていることもあるが、あわてない。全職員が交代時に消毒

することで、図書館が対策をしていることを来館者にアピールできる。

3.2.12 ● 配架・書架整理などのフロア業務

　職員が書架に本を入れたり整理をしているときに、来館者に声をかけられることがしばしばある。カウンター業務時よりも来館者との距離がとれないことから、フロア業務のときは、カウンター業務以上に気にかけることが必要である。フロアに出る前に、マスクを正しく装着しているかどうか確認することを徹底する。

3.2.13 ● 事務室などでの業務

　事務室では、選書会議、児童ミーティング、「図書館だより」の作成、返却の督促など、さまざまな業務で注意したい点がある。選書会議などは3密にならないようにする。見計らい（現物選定）をおこなっている図書館では、段ボールから本を取り出したり入れたりする作業を複数人でおこなう場合もあるので、職員同士が3密にならないように注意する。「図書館だより」の作成では刷り上がりを確認するためにコピー機で出力したりするが、その際、コピー機のボタンなどから感染しないようにする。督促業務は電話やメール、ハガキでの連絡をそれぞれの状況に応じて実施しているだろうが、注意するのは電話のときである。マスクをしていると声が相手にうまく伝わらない可能性があることから、ついマスクを外してしまう。そうすると飛沫が生じる。電話督促の件数が多いときは、近くにほかの職員がいない状態でおこなうなど対策を考える必要がある。督促の電話が終わったら、電話本体と受話器を除菌シートで拭き取る。

　ほかの事務室業務で暑くてマスクをずらしたり外したりすることもあるだろうが、突然の来客や電話対応があるので、中途半端な状態を避けよう。

また、職員が使用している事務室の机が物であふれていたり書類の山ができていることがある。もし、職員が感染して事務室が消毒の対象になると消毒によって濡れるので、普段から机の整理・整頓を徹底し、使用したハサミやノリなどさまざまな道具も所定の場所に戻すことにこだわったほうがいい。

3.2.14●食事などの休憩時間

　食事などの休憩時間には、職員みんなが石鹸での手洗いとうがいを徹底して、感染拡大防止をめざす。うがいは、石鹸で手を洗ってから水道水を使えば十分で、わざわざポビドンヨードを含んだものを使わなくてもいい。食事を取るときはマスクを外すため、飛沫が相手にかからないように注意する。図書館の規模が大きくなればなるほど一日の出勤者数も多いことから、休憩時間が同じにならないようにする。図書館の休憩スペースは更衣室と同様に狭いことが多い。休憩スペースがなく、事務室でほかの職員が仕事をしているときに弁当を広げるしかない場合もある。地方の図書館で勤務している職員は車で通勤している人も多いので、車のなかで食事をすることも検討してみてはどうだろうか。

　休憩室を複数設けることがむずかしい場合は、アクリルパーテーションの設置やテーブルの配置変更を検討する。理化学研究所計算科学研究センターが6月17日に公表した記者勉強会発表資料によると、咳だけではなく発話でも飛沫は2メートルほど飛び、またリスクのほとんどは正面で、横へのリスクは低い。パーテーションの設置は、口よりも少し高い1メートル20センチでは正面へのリスク低減効果は限定的であり、頭の高さ1メートル40センチが効果的だ。ただし、空中に飛散するマイクロ飛沫に対しては別の対策が必要だとしている。[(10)]

　以上のことから、アクリルパーテーションは、座ったときよりも高いも

図3-5　アクリルパーテーション設置（筆者撮影）

のを前と左右に設置し、間隔をあけて着席すれば、感染リスクを大幅に低
減できる。とはいっても、アクリルパーテーション自体にウイルスが付く
ことが考えられるために、定期的に消毒しなければならない。図3-5は、
アクリルパーテーションを実際に設置した様子である。品薄などで購入が
むずかしい場合は、対面しないようにテーブルを横一列に配置する。しか
し、顔を相手側に向けて会話をすると効果がないので正面を向く。また、
食事中に会話が弾むと飛沫が相手にかかることがあるので、下を向いて黙
って食べて、終わったらマスクを装着して会話をする。もちろん、窓を開
けるなど換気を怠らないことが大切だ。

　図書館によっては、お茶を飲むために共用のポットやマイコップを1カ
所に集めていることがあるが、ボタンを押す前や取り出す前にアルコール
消毒液で手を消毒して感染予防を徹底する。なお、休憩後に使用したテー
ブルや椅子などは退席時に消毒する。

3.2.15●交換便

自治体内に複数の図書館があればネットワークで結んでいることが多いことから、1日1回から2回、トラックが図書館を回って資料の授受をおこなっている。トラックが図書館に到着すると運転手は本が入っているコンテナを降ろし、職員はその間に受け取りのサインをする。このときは、運転手を疑うわけではないが、念のため自分が持っているボールペンを使用したほうがいい。台車に積んだコンテナを運ぶためにエレベーターに乗るときは、ボタンは指の第二関節または肘で押し、会話は避けたほうがいい。

本をコンテナから出してブックトラックに仕分けしたあと、パソコンを使って返却処理をする前にできれば一度、石鹸で手を洗う。手洗い場が遠ければ、アルコール消毒液で手指消毒をしてから本を処理する。

3.2.16●「おれ、コロナ」はすぐに警察を呼ぶ

図書館ではさまざまな苦情が発生する。一般的な苦情対応と新型コロナウイルス感染症に関連した苦情対応が考えられ、いずれも対面する場合は要注意である。3密になっていないか、15分以上かかっていないか、気にしたほうがいい。苦情対応が長引く場合にカウンターではなく事務室やどこかの部屋に移動して扉を閉めておこなうことがあるが、3密回避や換気徹底の視点からは移動せずカウンターで対応するほうがいいだろう。相手がヒートアップすると、職員が換気を忘れるかもしれず、声が大きいからと扉を閉めがちになる。苦情を言っている人は熱くなって、マスクを外したりすることで飛沫が生じるので、対応する職員はマスクを正しく装着していなければならない。

一般的な苦情としては、カウンターでの本の返却時に汚損と破損による資料の弁償に関しての押し問答がよくある。15分以上かかることも多いので、長引きそうなら「そろそろ」と言ってその場をとりあえず終わらせるしかない。いっそのこと、不本意ではあるが下手に出て弁償をお願いするほうがすんなり収まるか、あらかじめ弁償になる具体的な基準を作って来館者がわかるところに掲示しておけばいいだろう。

　新型コロナウイルス感染症に関連したものについては、状況に応じていろいろな場面が考えられる。現在思いつくのは、マスクを着用しない来館者を職員が注意したときに「なんでマスクをしないといけないんだ」と言われる場合と、ほかの来館者が近くにいる職員に「あの人はマスクをしていないで新聞を読んでいるので注意してほしい」と要求することである。地域によって状況が違うため、入り口に「マスクの着用をいただけない場合は利用をお断りすることがあります」と掲示したほうがいいかもしれない。それでも着用せず、注意しても応じなければ警察に通報したほうがいいだろう。

　ほかに考えられるものは、「業者ではなく職員が消毒していて大丈夫なのか」「返却した本は72時間後に書架に戻すのはなぜだ」「館内で本を選べないのは段階的な開館とはいわないじゃないか」などいろいろある。対応が大変なのは、館内に人が多くいることから一時的に入館制限をした際に、来館者がそのことを知らずに入館しようとしてもめるときである。新型コロナウイルス感染症に関する苦情は、窓口の最前線にいる職員では回答できないことも多いため、館長か次席がすぐに出てきて対応したほうがいい。

　もし、来館者が職員に対して「おれ、コロナ」と言った場合は、すぐに警察を呼んで対応する。名古屋市にある家電量販店で「おれ、コロナだよ」などと言って営業を妨害したとして威力業務妨害の罪に問われた人に対して、名古屋地方裁判所は懲役10カ月（求刑懲役1年6月）の判決を言い

渡した。相手がカッとしたり冗談で言ったとしても、図書館としては消毒作業などが必要になるため厳正に対処したほうがいい。

3.3 職員に感染者が出た場合

3.3.1●保健所との対応

　職員に感染が確認された場合は、第1節で示したように濃厚接触者を特定するために職員名簿や日々の勤務状況がわかるもの、館内の図面などを求められる。発症日からさかのぼって2日、合計3日間の日々の勤務状況がわかるものはすぐそろえられないと特定作業が遅れ、対応も遅くなる。館長か次席が落ち着いて対応することが重要である。

　なお、氏名、ヨミ、住所、連絡先は、感染症予防対策法で個人情報保護の対象外となる。職員の個人情報は、濃厚接触者特定後に居住地の保健所に連絡するために使用される。保健所からは、ほかの職員が濃厚接触者に該当するかどうかを判断するために、感染リスク期間中に感染が確認された職員と一緒に通勤しているほかの職員がいたかどうか、1メートル以内で15分以上の接触があった職員や来館者がいたかどうかを尋ねられる。

3.3.2●消毒の方法

　保健所の指示に従って消毒を実施する。消毒の方法は保健所が助言して

くれるので、業者に依頼しなくてもいい場合もある。消毒の目安は感染者が仕事をした場所の半径2メートル、トイレなどを使用した場合はその箇所も対象になる。

　図3-3にみるように、図書館の職員は事務室だけではなくカウンターなどさまざまな場所で時間ごとに働いているので、すべての場所が消毒対象になる可能性は高い。

　岡山市立中央図書館では市職員が新型コロナウイルスに感染したため、事務室の消毒だけではなく、来館者が利用する書架やソファなども消毒し、新聞記事には本棚を消毒する作業員の姿の写真があった。[12]別の図書館で職員の感染が確認された事例では、除菌液を染み込ませた布巾で感染者本人が触れたであろうカウンターや書架などを拭いていた、と聞いた。

　業者に消毒を依頼する場合、使用製剤、範囲、方法、時間を決めて見積もりをとる。以前、飲食店で消毒をしたことがある人から聞いた話だが、税別で25万円の費用がかかったという。消毒は、窓を全開にして換気し、日常に使用しない什器は、不用意にウイルスが付着することを防止するために原則対象外になる。

3.3.3●個人情報保護や人権への配慮がある広報

　館長が生涯学習課などの行政の関連部署に報告するときには、図書館ウェブサイトの掲載を含めた広報についても協議したほうがいい。図書館から報告を受けた生涯学習課はその上の組織に報告し、広報課にも話をする。役所の広報課の職員は、「A図書館で勤務する職員が新型コロナウイルスの感染が確認された」とマスコミの記者に話をすると、性別、年齢、来館者とどれだけ接触があったのか、最終出勤日はいつか、などいわゆる記事の定番である5W1Hを尋ねられる。感染者が確認された図書館が新聞記事として報じている場合もある。[13]館長は、情報公開と同時に感染が確認さ

9月1日（火）　お知らせ【重要】A図書館を臨時休館します

令和2年9月1日（火）、A図書館に勤務する職員に、新型コロナウイルス感染症の陽性が確認されました。感染拡大防止のためA図書館を臨時休館します。
みなさまにはご不便をおかけしますが、ご理解とご協力をお願い申し上げます。

感染者の情報については、個人情報保護や人権への配慮に加え、地域で暮らす方々の生活を脅かす風評を生む恐れがあることから、以下の出勤情報のみ公表します。

8月26日（水）　公休日
8月27日（木）　出勤　　2Fカウンター1時間配置
8月28日（金）　公休日
8月29日（土）　出勤　　1Fカウンター2時間配置
8月30日（日）　欠勤　　のどの違和感の症状のみ
8月31日（月）　欠勤　　37.8度発熱、頭痛、のどの違和感　PCR検査実施
9月1日（火）　欠勤　　PCR検査陽性

該当職員は勤務中、マスク着用とアルコール消毒等の感染拡大防止策を施していました。
8月27日（木）から29日（土）までの間にA図書館を利用し、体調不良等の症状が出た方やご心配な方については、保健所（電話：000-111-2222）まで速やかに連絡ください。

休館期間：令和2年9月1日（火）─15日（火）まで
借りている資料について：返却期限を臨時休館中の日数分延長致します
予約確保資料について　：期限を一律臨時休館中の日数分延長致します

皆様には、ご心配、ご迷惑をおかけしますが、引き続き保健所の指導のもと感染拡大防止に全力で努めてまいります。

A図書館長

図3-6　図書館のウェブサイト掲示文案（筆者作成）

れた職員のケアも考えなければならない。

　来館者のなかには図書館が好きで週に何度も通っている人もいることから、ある程度はどんな職員がいるのか名前を覚えている。特に小さい図書館になればなるほど職員数は少なくすぐに特定されることから、性別と年代は公表せず、図書館のウェブサイトに図3-6のような文言を掲載するといいだろう。

3.3.4●職員のケア

　誰も新型コロナウイルス感染者第1号になりたくてなるわけではない。館長か次席が職員のケアをどれだけできるのか、手腕が求められる。感染が確認された職員と感染していない職員の双方に対してケアが必要である。感染が確認された職員は、軽症だとしても今後、誹謗や中傷、差別、偏見に悩まされる可能性がある。まずは回復を優先し、フローチャートに従って職員から館長か次席に報告してもらうようにする。すぐの職場復帰はできないと認識し、感染した職員に対して急がせるような言動は慎む。

　感染していないほかの職員に対しては、感染した職員についての不必要な情報は家族を含めて口外しないことや、「Twitter」などのSNSに「うちの職場でコロナが出た」などと書き込まないように館長か次席がしっかり伝える。街の規模が小さくなればなるほど、情報はSNSよりも早くあっという間に広がってしまう。

　感染していないほかの職員に対しては、カウンターや休憩時間が一緒だったことなどをふまえてPCR検査を実施する。

　ここまで読み進めると館長と次席の仕事は大変だと感じるかもしれないが、両者のケアについてはそれぞれの課題である。図書館は自治体の出先機関であるために、役所から距離が離れている。役所の職員に簡単に悩みや相談をしにくい。そのうえ、館長と次席の年齢は50代から60代が多いため、両者または一方が新型コロナウイルス感染症に感染した場合のフローチャートも考えたほうがいいのかもしれない。館長か次席が不在になったときにどれだけ職員は困るのか、日常業務に支障はどれだけあるのか、いま一度振り返ってみるといいだろう。カウンターなどの日常業務もおこなっている館長と次席の場合、いざ不在になると人員1人減にもなるので相当の痛手になってしまう。

3.4 館内各種の対策

3.4.1 ●想定

　図3-7は、江戸川区立篠崎図書館のウェブサイトで公表されている書架案内図である。新型コロナウイルス感染症対策をとるべき具体的な箇所をAからKまで付与し、以下に個別に説明を記す。なお、あくまでも想定のために、実際に江戸川区立篠崎図書館でおこなっているとはかぎらないことはお断りしておく。

3.4.2 ●出入り口(AとB)

　感染拡大防止のために最低限、図書館の出入り口にアルコール消毒液を設置する。館内に入るときは図書館にウイルスを持ち込まない意識をもつため、また、館外に出るときは自宅に持ち込まない意識をもつために消毒するということを来館者に徹底する。入り口には図3-8のような文言を記して掲示をする。

　予算があれば、大型商業施設で導入し始めているサーモグラフィーによる検温を実施することも検討する。1秒程度でマスクの有無と体温を測定できれば来館者のストレスは削減し、職員が入り口に張り付いている必要はない。愛知県大府市おおぶ文化交流の杜図書館では、6月1日の再開館のときから図3-9のように入り口でAI顔認証で検温している。再開初日には日頃のほぼ90%にあたる約1,200人が来館し、貸出数は倍以上の

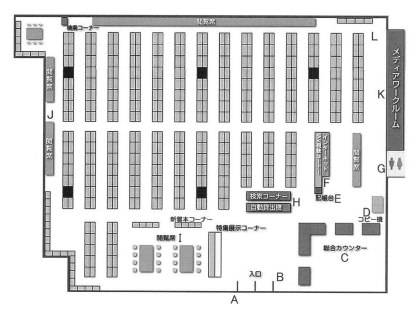

図3-7　想定館内図
（出典：江戸川区立図書館篠崎図書館「書架案内図」〔https://www.library.city.edogawa.
tokyo.jp/toshow/wp/wp-content/uploads/2014/05/14051304geit0003.jpg〕〔2020年8月8日ア
クセス〕をもとに筆者作成）

感染症対策のお願い

● 館内に持ち込まないためにここで手指消毒をしてください。乾燥するまですり込み
ましょう。
● アルコールが空になっていたらカウンター職員にお手数ではございますが申しつけ
ください。
● マスクの着用をお願いします。
● 発熱、のどの違和感・咳、息苦しさなど体調がすぐれない方の来館はご遠慮くださ
い。
● トイレは感染源になりやすいため石鹸と流水による手洗いをお願いします。
● 館外に出る前に家に持ち込まないために手指消毒をしてください。

図3-8　掲示文（筆者作成）

7,000冊だった。⁽¹⁴⁾

　ホテルなどの宿泊施設や水族館などの集客施設、ボウリング場などの遊技施設では入り口で職員が非接触式体温計による検温を実施していることから、1日の来館者が少ない町立・村立図書館では検温を実施することも考えられる。東京都新宿区内のすべての図書館では、来館者の体温測定を入館時におこなっている。さらに、入館を1時間ごとの完全入れ替え制にしている。

　入館に際して来館者名簿を作成するかどうか、迷った図書館はあるだろう。日本図書館協会が2020年5月14日に公開した「図書館における新型コロナウイルス感染拡大予防ガイドライン」にある「来館者名簿の作成」と、5月20日に運用に関する補足説明を発表した。筆者が図書館長ならば、来館者名簿は以下の4点から、労力がかかるわりには実際の利用に現実的ではないと考えて、作成しないだろう。

　1点目は、苦情対応に手を取られることで、対応中の感染リスクが高くなる。これまで来館者に書いてもらっていなかった来館者名簿を、「コロナ対応で」という理由で作成をすんなりと受け入れてくれるかどうか未知数である。職員と来場者の押し問答があると、この対応そのものが感染リスクを高める。

　2点目は、記入場所の確保である。来館者名簿は利用者の秘密保持の都合上、氏名と人数を書く飲食店の順番待ち用紙のようなものではほかの人に氏名がわかってしまうため不十分であり、カタカナや偽名を使われれば意味がなくなる。1人1枚の利用者カードを作るレベルの住所・氏名・電話番号の記載を依頼する用紙が必要になる。単純にテーブルの上に用紙と鉛筆などを置いて順番に書いてもらうのは住所と氏名が隣の人から見えないようにしなければならないために不十分で、しかも来館者が多ければ行列ができてしまう。イメージとしては選挙の投票所のようなものになってしまう。

図3-9　AI顔認証による検温
（出典：おおぶ文化交流の杜図書館〔@allobulib〕の2020年6月1日のツイート〔https://twitter.com/allobulib/status/1267390040994279424/photo/1〕〔2020年8月8日アクセス〕）

　3点目は、名簿の管理である。来館者に紙で書いてもらうことから、日ごとにまとめて紛失や盗難防止のため鍵がかかるキャビネットなどに保管しなければならない。1日平均1,000人の来館があると1週間で7,000人分とかさばることや、紙で個人情報をもっているのはリスクがある。

　4点目は、最も重要な点である、名簿を作ったところで役に立つのかということである。保健所が感染者の行動履歴を整理するなかで、たとえば「感染したA氏が9月1日（火）におたくの図書館を利用していました」と図書館に連絡があったとする。そのときに、職員がキャビネットから名簿を取り出してその日の来館者に順番に電話するのは容易ではない。図書館の入り口やウェブサイトに「A図書館の来館者から陽性者が1人確認されました。8月18日から9月1日までの間に利用し、体調不良などの症状が出た方や心配な方は保健所まで速やかにご連絡ください」と目立つところに表示したほうが現実的である。また、借りている資料の返却期限が遅れ

図3-10　カウンターに設置しているビニールカーテン
(出典：「墨田区立東駒形コミュニティ会館図書室1階カウンター」、
TRC-ADEAC「新型コロナウィルス感染症対策アーカイブ」〔https://
trc-adeac.trc.co.jp/Html/Home/9900000010/topg/901corona-arch/
data/1310710/JPEG/hkc-pic001.jpg〕〔2020年8月13日アクセス〕)

ると図書館では督促することから、そのときに判明する場合もあるだろう。図書館によっては、メールや電話・ハガキを使った督促を段階に応じておこなっている。職員が電話をかけたときに、家族が「いま、自宅で療養中です」と言われたら、来館したのは借りた日が最終日なのか、陽性確認はいつだったのかを聞いて「お大事になさってください」と言葉をかけて無理して来館させないようにする。来館日と陽性確認日の重なり具合から、状況によっては、前述のように掲示すればいい。

3.4.3●総合カウンター(C)

　職員と来館者が接近することから、飛沫感染対策として、図3-10のようにビニールカーテンやアクリルパーテーションを設置する。素材に防炎性がない場合は消防法に抵触することもあるので、購入の際にはよく確認

図3-11　利用者用コピー機の利用停止
(出典:「八千代市立中央図書館利用者用コピー機の利用停止」、TRC-ADEAC「新型コロナウィルス感染症対策アーカイブ」〔https://trc-adeac.trc.co.jp/Html/Home/9900000010/topg/901corona-arch/data/1222110/JPEG/ycy-pic014.jpg〕〔2020年8月13日アクセス〕)

する。ビニールカーテンやアクリルパーテーションに付着した新型コロナウイルスやほかのウイルス・菌、汚れなどを放置しては対策としては不十分なので、朝・昼・夜それぞれ最低1回は清掃する。アルコール消毒液を大量に使用して強くこすりがちになるが、ビニールが劣化するために優しく表面を拭くだけで十分である。

　都内のある図書館では、高齢者がビニールカーテンを開けたりめくったりして職員に話しかけていた。そういう場合には注意が必要だ。

3.4.4 ●コピー機(D)

　図書館によっては、本や雑誌のコピーは来館者がセルフでおこなう。そのため、コピー機のボタンが感染源になる可能性もあることから、近くにアルコール消毒液を設置して手指消毒の励行を依頼する。朝・昼・夜最低

それぞれ最低1回はコピー機を消毒する。図書館によっては、図3-11のように感染症拡大の防止策として複写サービスの利用を停止している館もある。複数ある場合には、使用できる台数を制限することも対応として考えられる。

3.4.5●記帳台(E)

本などを借りる際に必要な利用者カードを作るための書類を書く記帳台には、ボールペンを置いている図書館が多い。未使用のボールペンと使用ずみのボールペンを分けることができるように、トレイなどの容器を使用する。使用ずみのボールペンが増えたらすぐに消毒して、未使用のトレイに入れる。月によって登録する人数が違うことから、記帳台の消毒回数を状況に応じて設定する。

3.4.6●インターネット・AV視聴コーナー(F)

パソコンのキーボードやマウスを介して感染することが考えられるため、カウンターでの利用受け付けの際にアルコール消毒液で手指消毒をしてもらう。来館者の使用が終わったらそのつど、キーボードやマウスを消毒する。図書館によっては、コーナーが狭いために隣同士が接近せざるをえない。間隔をあけられないのであれば、利用できる時間を短くして回転率を上げることを検討する。図3-12のように、感染症拡大の防止策として利用者用インターネット端末の利用を停止している図書館もある。

3.4.7●トイレ(G)

トイレは感染源になりやすいことから、第5章「トイレ環境からみた新

図3-12　利用者用インターネット端末の利用停止
（出典：「八千代市立中央図書館検索スペースの利用停止」、TRC-
ADEAC「新型コロナウィルス感染症対策アーカイブ」〔https://trc-
adeac.trc.co.jp/Html/Home/9900000010/topg/901corona-arch/
data/1222110/JPEG/ycy-pic013.jpg〕〔2020年8月13日アクセス〕）

型コロナウイルス感染症対応」を別途設けたので参照してほしい。

3.4.8●検索コーナー・自動貸出機（H）

　パソコンのキーボードやマウス、モニターの使用時に感染することが考
えられる。近くにアルコール消毒液を設置して、来館者に手指消毒の励行
を依頼する。朝・昼・夜それぞれ最低1回は消毒する。特にモニターは指
紋がたくさんついていることが多いので、入念におこなう。

3.4.9●閲覧席（I）

　座席間隔を、できればソーシャルディスタンスでいう2メートル、最低
1メートルは設ける。新聞や雑誌が近くにある閲覧席では、来館者が読む

前に手指消毒を任意でおこなってもらうようにアルコール消毒液を設置する。新聞や雑誌を読んでいる来館者のなかには、指先が乾燥するのか指をなめてページをめくっている人がいる。唾液による感染もあるため、職員が発見したら注意する。図書館によっては、指をなめる行為を防ぐために指先につけるクリームを設置しているが、クリーム自体が感染源になるので撤去する。朝・昼・夜それぞれ最低1回は机と椅子を消毒する。新聞や雑誌は人によって長時間読んでいる場合もあり、席の混雑状況をみて消毒を実施する。布製のソファーは、アルコール消毒液のスプレーで霧吹きをする。

3.4.10 ● 閲覧席(J)

壁側に閲覧席がある図書館では、左右の座席間隔はできればソーシャルディスタンスでいう2メートル、最低1メートルは設ける。さらに左右にアクリルパーテーションを設置することで、どれだけ距離を取っているのか来館者にわかりやすく示せる。4人掛けのテーブル席は、対面にならないようにする。朝・昼・夜それぞれ最低1回は机と椅子を消毒する。

来館者が席を使う際に、場所を指定する図書館がある。来館者が書架から本を取り出してわずかな時間だけ椅子に座って読みたい場合もあるので、これまで席を管理していなかった図書館はいままでどおりの運用が来館者にとって混乱がないだろう。

3.4.11 ● メディアワークルーム(K)

閲覧席とは別に来館者が持参したパソコンを使用できる部屋がある図書館では、3密にならないように間隔をあけて席を提供する。また、密閉空間にならないようにこまめに換気する。換気がむずかしい場合は、空気の

図3-13　店内の空気が入れ替わる時間表示（筆者撮影）

流れを促し、換気の効果を高めるためにサーキュレーターなどの設置を検討する。

3.4.12●館内の換気(L)

　図書館によっては、窓を開けることができなくて空気がよどんでいる場合もある。新型コロナウイルス感染症のリスク要因のひとつである「換気が悪い密閉空間」に館が該当するのかどうかを把握していないのであれば、まず現状を調査したほうがいい。飲食店では、安心して利用してもらえるよう店内の空気が入れ替わる時間を外に掲示しているところもある（図3-13を参照）。店員に話を聞くと、業者に依頼して調査してもらったようだ。

3.4.13●ゴミ箱

　図書館によっては、ゴミ箱を設置している場合がある。鼻水や唾液が付着しているティッシュペーパーは触れると感染する可能性があるので、ゴ

ミ箱を撤去して、ゴミは持ち帰ってもらうようにする。ゴミ箱を撤去できないときは、ゴミ箱に袋をかぶせていっぱいにならないようにし、ゴミを回収するときは、マスクだけでなく手袋を着用する。ゴミ回収後に手袋を脱いだあとは、必ず石鹸で手を洗う。

3.5 サービスの検討

3.5.1●館内の利用者数と滞在時間

　日本ではソーシャルディスタンスを2メートルとしていることから、1人あたりの必要面積は2メートル×2メートル×3.14＝12.56平方メートルある。1フロアの面積が1,000平方メートルなら、単純に12.56で割り算をすると79.6になって80人が入館してもいいことになる。書架数や配置によって実際の面積は違ってくるので、細かく算出できるのであれば出したほうがいい。算出した人数によっては、館内に入ることができる人数が少なくなってしまう。多くの人が利用できるように1時間から2時間程度の滞在制限を依頼する。東京都品川区の図書館では、館内放送で1時間の利用を目安にするよう依頼していた。中学生・高校生の勉強や、社会人のパソコンの作業が長時間にならないように依頼する。

3.5.2●資料提供サービス

主に貸出、閲覧、複写、予約、リクエスト、相互貸借が該当する。貸出、閲覧、複写については、前述したようにカウンターや閲覧席、コピー機の対策をしていれば感染拡大防止につながる。予約は、臨時休館したときに「WebOPAC」から予約できないようにするのか、それとも予約できるようにするのか、検討したほうがいい。臨時休館から予約本の受け取りだけをおこなう場合、書架から本を引き抜くだけで大変であり、置き場所に困る。自治体内に複数の図書館がある場合は、物流がいつから再開するのかも考える必要がある。

リクエストと相互貸借は通常よりも提供が遅れることを申込者に事前に伝え、トラブルにならないようにしたほうがいいだろう。

3.5.3●情報サービス

情報サービスには、レファレンスサービス（調べ物）とレフェラルサービス（ほかの専門機関の紹介など）がある。

レファレンスサービスでは、濃厚接触者の定義を参考にして、職員と来館者が互いにマスクを着用して、対面で15分以上になりそうな場合は調査と回答をその場でおこなわず、結果を電話やメールで伝えることにする。その旨をレファレンスカウンターなどに掲示して、来館者の理解を得られるようにする。図書館は電話とメールで対応できるように準備する。

レフェラルサービスは、専門図書館や大学図書館などが利用を制限していることが考えられるために、定期的にウェブサイトなどをチェックして状況を把握しておく。

3.5.4 ● 対象別サービス

児童サービス、YA（ヤングアダルト）サービス、障害者サービス、高齢者サービスなどがある。新型コロナウイルス感染症の重症化率をふまえると、状況が落ち着くまでは高齢者が集まるイベントは控えたほうがいい。また、日本の公立図書館はわりと YA サービスが弱いので、この状況下に中学生と高校生に対して図書館でできることを学校図書館の職員と連携して、彼らが楽しめるコンテンツを作ることを検討してみてはどうだろうか。

3.5.5 ● 留守番電話の設定

通常開館のときは、図書館の電話を留守番電話に設定にしていないこともある。ところが、新型コロナウイルス感染症対策のために臨時休館や開館時間の短縮がある場合は、留守番電話を設定することも考えられる。普段留守番電話を設定していない図書館は、開館中に解除を忘れないことが大切である。

図書館を閉める際に遅番の職員が設定を間違えたり、翌日の早番が留守番電話の設定解除を忘れたりして、開館中に電話をかけた人がつながらず、役所に電話をすることがないようにしたい。役所の職員からすると図書館員が怠けていると思い、印象が悪くなる。留守番電話設定の解除を忘れるのを防ぐためには、マニュアルを作成し、開館準備と閉館準備のときに別の職員がチェックする体制を整えることである。

3.6 行事など

3.6.1●基本事項

　図書館では、講演会や映画会、朗読会、コンサート、ワークショップ、工作会、おはなし会などさまざまなイベントをおこなう。状況に応じて、すべて事前予約制で実施を検討する。予約受け付け方法と受け付け期間をこれまでの行事の参加状況をふまえて設定する。

3.6.2●会場設営

　3密回避と換気を徹底する。特にエアロゾル感染を防ぐために、30分に1回は窓を開けるなどして換気する。座席は、最前列は講師から最低2メートル離れるようにし、前後左右2メートルの間隔確保に努める。参加者の来場受け付けは密集しないように、2メートル間隔で床にテープを貼る。受け付け時は、参加者に非接触型の検温とアルコール消毒液で手指消毒をおこなう。

　行事ごとの定員は、「3.5.1 館内の利用者数と滞在時間」に示したように、ソーシャルディスタンスをふまえた1人あたりの面積12.56平方メートルを会場の面積で割った人数か1組を基本に考えたほうがいい。筆者が館長をしていた江戸川区立篠崎子ども図書館にあるおはなしコーナーの床面積は36.50平方メートルなので利用可能人数は2.9となって、定員は保護者を含めて3組になる。これは現実的ではないので、違う広い会場でおこな

うか回数を増やすしかない。

　飛沫感染を防ぐために、講師の演台にはアクリルパーテーションかビニールカーテンを設置する。

3.6.3 ● 参加者へのお願い

　参加当日に自宅で検温して、発熱などの症状がある場合は参加を控えてもらう。マスクを着用し、手洗いをお願いする。会場への入場や退場の際は2メートル（最低1メートル）の間隔をあけることや、場内でもマスクを着用して周囲との不必要な会話を避け、講演会後に講師に話しかけることや出待ち／入り待ち、差し入れをやめてもらうように要請する。

3.6.4 ● 講師などへの依頼

　当日に自宅で検温して、発熱などの症状がある場合は速やかに図書館に連絡をしてもらう。講師のITの知識と会場設備によっては、現地入りせずにオンラインで開催することも検討する。

3.7　物品管理

　職員だけでなく来館者に対してもアルコール消毒液で手指消毒をお願いするので、消毒液の在庫管理を適切におこなう。空になったら、職員はそ

の日に出勤している庶務担当や館長か次席に報告して、帳簿に記載して設置する。手指消毒用のアルコールでも正しく保管しないと引火することもあるので、火気に近づけないことや直射日光と高温になる場所は避ける。

　職員が着用するマスクや手袋などの感染防護具は仕事で使用するものなので、原則、図書館の予算で購入して職員に支給したい。自宅から着用していたマスクの紐が緩んだり切れたりしたとき、図書館にマスクがなければ職員はどうしたらいいのか困ってしまう。館長は、自治体内のほかの公共施設や役所の窓口の職員がどのようにしているのか確認するとともに1カ月でどれだけ使用するのか数量を計測し、予算を計上する。

　イベントの中止などで当初の計画と比べて予算執行率が悪く、所管部署から館長に対して予算が余っていないかどうかを尋ねられ、場合によってはほかの課に予算を回すことを考えている館もあるだろう。アルコール消毒液やアクリルパーテーションの購入など、感染防止対策にそれなりに経費がかかっているものはすぐに金額を確認できるように、庶務担当に任せっきりにしないほうがいい。アルコール消毒液とマスクの値段が再び高騰する可能性もある。

注
（1）「大阪 ライブハウス感染拡大」「中日新聞」2020年3月6日付、31面
（2）「昼カラ」集団感染なぜ 佐倉のカラオケ店 新型コロナ」「朝日新聞」2020年8月5日付、20面
（3）「新たに8人、感染判明 日光・ラーメン店、集団感染 新型コロナ」「朝日新聞」2020年7月26日付、23面
（4）「新型コロナ禍と闘う 3密の施設 利用控えて 近江八幡クラスター「店の対策不十分」県対策本部員会議」「中日新聞」2020年8月1日付、20面
（5）「新型コロナ 東北工大生、新たに3人が感染 宴会参加15人に」「毎日新聞」2020年7月18日付、27面
（6）「新型肺炎 スポーツクラブ 濃厚接触者600人」「読売新聞」2020年2月26日付、35面
（7）「発見！体温を正しく測れている人は少ない？結果詳細・ドクター解説」テルモ体温研究所（https://www.terumo-taion.jp/terumo/report/03_2.html）［2020年8月8日アクセス］

(8) 「クローズアップ──新型コロナ 院内感染、深まる危機 救急にも影響」『毎日新聞』
2020年4月14日付、3面

(9) サラヤ「PPE 着脱方法」「サラヤ株式会社の医療従事者向けサイト」(https://med.
saraya.com/kansen/ppe/chakudatsu/tebukuro.html) [2020年8月8日アクセス]

(10) 坪倉誠「室内環境におけるウイルス飛沫感染の予測とその対策」理化学研究所計算
科学研究センター (https://www.r-ccs.riken.jp/wp-content/uploads/2020/08/2020
0617tsubokura.pdf) [2020年8月8日アクセス]

(11) 「「俺コロナ」思っている以上に影響大です 男に実刑判決 名地裁」『中日新聞』2020
年6月26日付夕刊、7面

(12) 「新型コロナ 勤務男性が感染 中央図書館消毒」『読売新聞』2020年4月5日付、21
面

(13) 「コロナ感染情報 文京の保育園職員 計34人に」『東京新聞』2020年7月18日付、22
面、「西尾市立図書館職員 新型コロナで「陽性」同僚8人自宅待機に」『中日新聞』
2020年4月9日付、13面

(14) 「新しい日常へ そろり再開」『中日新聞』2020年6月4日付、12面

第4章

臨時休館時・館内利用制限時の対応

4.1 サービス提供ステップの確立

8月下旬にもなると、4月と比べて新型コロナウイルス感染症の知見を多く得られるようになってきた。何もわからない状態から少しずつわかってきたので、状況に応じて柔軟に対応できるようにサービス提供ステップを確立したい。いまのうちに大きなくくりで検討すれば、場当たり的なことがなくなる。東日本大震災（2011年3月11日）の際に一時期、事業継続計画あるいはBCP（Business Continuity Plan）という言葉が流行した。文字どおり、業務が継続できるような計画を作ることである。新型コロナウイルス感染症ではどうだろうか。一度検証してみるといいだろう。

一例として、サービス提供ステップの大きな枠組みを示したのが表4-1である。ステップ0は、感染が確認された職員がいたために臨時休館して館内を消毒する。わずかな日数だが、サービスそのものは提供しない。ステップ1は、「WebOPAC」での予約受け付けとメールなどによるレファレンスサービス、関係する情報を発信する。対面以外のレファレンスサービスをあまり実施していなかった図書館は、ひとつの契機として検討してはどうだろうか。対面のほうがインタビューできるために、表情や反応からどのようなことを知りたがっているのか、ニュアンスも伝わりやすいだろう。しかし、「Yahoo! 知恵袋」や「教えて !goo」などのQ&Aサイトがある程度定着しているので、尋ねるほうはある程度慣れているだろう。

ステップ2と3は、館内利用制限によるサービスの提供である。ステップ2は、「WebOPAC」で予約受け付けした資料の貸出と新規登録を開始する。ここではじめて、わずかな時間だが来館者と職員が接触するために、

表4-1　サービス提供ステップの枠組み（筆者作成）

	ステップ	サービス提供内容	予防対策
0		―	館内消毒
1	臨時休館	・「WebOPAC」での予約受け付け ・メールなどによるレファレンスサービス ・関係する情報発信	・最低限の職員出勤 ・職員の3密回避、手指衛生の徹底、事務室の換気
2	館内利用制限	・予約本の貸出 ・新規登録受け付け	・アクリルパーテーション設置など飛沫感染対策、手指衛生、事務室と館内換気の徹底 ・来館者のマスク着用、消毒液使用の徹底 ・入場人数や館内利用エリア制限
3		・座席数を減らして提供 ・館内滞在時間の設定	
4	通常開館	・流行する前の状態に戻す	・アクリルパーテーション設置など飛沫感染対策、手指衛生、事務室、館内換気の徹底 ・来館者のマスク着用、消毒液使用の徹底

カウンターや窓口などにアクリルパーテーションなどを設置して、飛沫感染対策を講じる。これまでは職員の事務室だけを換気していればよかったが、来館者が立ち入る場所も換気を徹底して感染防止をめざす。来館者にはマスクの着用とアルコール消毒液の使用の徹底をお願いする。ステップ3では、来館者が書架から自由に本を取り出して座って読むことができる座席数を減らす。3密防止の観点から、状況に応じて入場人数や館内利用エリアを制限することもある。

　ステップ4は、新型コロナウイルス感染症が流行する前の状態までサービスを戻す。感染拡大の状況にもよるが、いますぐに手指衛生をやめたりアクリルパーテーションを撤去したりすることにはリスクがある。そのため、アクリルパーテーションなどを設置して飛沫感染対策、手指衛生、事務室・館内の換気、来館者のマスク着用と消毒液使用を徹底したほうがい

い。

　国や自治体の対策による緊急事態宣言や感染者がいたことで図書館が臨時休館になったときは、サービス提供ステップを国や自治体のステップと比べてレベル感を調整する。公立図書館は自治体が設置しているために、自治体の方針に沿ってサービスを再開すべきである。たまに、出先機関の図書館と役所で意思の疎通がうまくいっていないことを見たり聞いたりするが、足並みをそろえたほうがいい。

4.2　提供できるサービス

　臨時休館時・館内利用制限時のサービスは、ウェブ予約の促進、新型コロナウイルス感染症に関する情報発信、各種申請書類の書き方支援の3つが考えられる。

　図書館のヘビーユーザーなら操作に慣れているから、「WebOPAC」で書名を入れて検索できる。ヘビーユーザーとまではない人や年に数回しか利用してこなかった人には、図書館の書架を実際に見てもらうことで、書名を目視できて手に取ってみたいと思い「WebOPAC」から予約することが増えるかもしれない。具体的には、図書館職員が書架をデジタルカメラで撮影し、図書館のウェブサイトにアップすることであたかも館内にいるような演出をするのだ。図書館の規模によっては毎日撮影するのは大変なので3日に1回程度にし、ウェブサイトには「この写真は9月1日時点のものです」などの説明を添えるといいだろう。

新型コロナウイルス感染症に関する情報発信は、「医師でもない私たちにできるのか」と戸惑うこともあるかもしれない。しかし、公的機関の情報源や出版社についての情報の提供ならできるだろう。公的機関の情報源は、国や県、図書館設置自治体のサイトから役立ちそうなリンクを図書館ウェブサイトに張ることができる。出版社の情報提供とは主に学術雑誌のことであり、どのような論文を掲載しているのかを紹介するだけでもいいのではないだろうか。できれば日本語で書かれた雑誌ではなく、海外の英語で書かれた雑誌が望ましいが、対応がむずかしいのであれば、自治体内の医学図書館などと連携することで可能になるのではないだろうか。加えて、新型コロナウイルス感染症を契機として、公立図書館の職員も世界五大医学雑誌をネット上で検索してどのようなものか知るといいだろう。

　各種申請書類の書き方支援は、図書館が単独でおこなうのではなく、役所の関係部門や役所と関わりがある士業と連携したほうがいい。事業者を対象にした雇用調整助成金（新型コロナウイルス感染症の影響に伴う特例）、持続化給付金、家賃支援給付金の書類は、たとえば1人で飲食店を経営している人にとっては容易に作成できない。社会保険労務士や税理士と日頃から付き合いがあれば頼んで書類を作成してもらって申請できるのでハードルは高くはないが、士業と付き合いがない個人事業者にとっては困難である。厚生労働省や中小企業庁、経済産業省のウェブサイトに記入例が掲載してあるが、そもそもそのウェブページにたどり着けるのかが疑問である。商売の経験がないと考えられる図書館職員がいきなり記入例を作ろうと思っても無理があることから、士業から話を聞いたり報酬を払って例を作ってもらうなどして、図書館ウェブサイトのトップページに出しておくことで、利用する個人事業者は増えるだろう。

4.3 バックヤード業務

　2020年4月7日から5月6日まで東京都、神奈川県、千葉県、埼玉県、大阪府、兵庫県、福岡県に緊急事態宣言が発出され、4月16日になると対象区域が全国へと拡大した。この間、図書館では出勤者を減らすなかで、出勤者が外線電話の対応や前年度の報告書などの書類作成、日々の新聞や雑誌の受け入れ、図書と視聴覚資料の選定・発注・受け入れをおこなっていた。ほかの職員は、本来の出勤日を在宅勤務日として部門ごとに設定した課題や仕事をおこなっていた。課題の具体例としては、新聞記事を読んで気になったテーマで評論を1,000字以内で書く、本の書評を作成する、司書資格の授業で使用しているテキストを読んで現場と乖離している記述を指摘する、などである。このような課題は、それぞれの図書館の状況に応じて設定できるだろう。

　図書館の仕事には臨時休館や利用制限をしているときだからこそはかどるバックヤード業務が多くあり、表4-2に示すように大きく7つの区分が考えられる。業務によっては、館内でできるものと在宅でもできるものがある。

　業務分析は、限られた職員で図書館のサービスの高度化やさらなる魅力向上に取り組む目的で、業務改善や職員体制の見直しを進めるためにおこなう。最初に職員全員の業務の全体量を把握し、特定の職員に負荷がかかっていないかを確認する。数人の業務量がほかの職員よりも多くなっていることがあり、仕事の割り振りを考えるきっかけになるだろう。なかでも、カウンターで何を何人でおこなっているのか、貸出冊数と貸出人数を1時

間ごとに整理すると、カウンターに常時何人が必要なのかがわかる。カウンターには最低必要な人員を配置し、その他をほかの業務に回すことでサービス全体がよくなるだろう。

　さらに、新型コロナウイルス感染症対策で、カウンターに職員を1人だけ配置し、その1人でも滞りなく業務を進めるためにカウンター周辺に来館者の整列を促すベルトパーテーションや足跡を配置して、原則1対1で対応してはどうだろうか。ただし、混雑時などにはベルでほかの仕事をしている職員にも知らせて、一緒に対応する。

　要領やマニュアルの作成と改訂とは、サービスを継続的・計画的に提供し続けていくために業務内容を体系化し、職員全員で共有するために不足や改訂が必要なものを整備することである。図書館の業務は口伝や一部の職員だけが知っていて、文章として存在していないことがある。それでは、もしもその職員が新型コロナウイルス感染症に感染して長期に入院することになった場合、業務が滞ってしまう。

　計画的な蔵書構築のための資料収集方針と除籍基準の改訂は、電子図書館（電子書籍貸出サービス）の扱いや昨今の社会状況をふまえておこなったほうがいい。

　開館準備と閉館準備は日々のものであり、初めて図書館で働く職員でもマニュアルを見ればできるようにしたい。臨時休館や時間短縮開館のため留守番電話を設定した図書館では、解除忘れと設定ミスがないように職員全員がマニュアルを見ながらボタンを操作したほうがいい。

　館内の環境整理は、図書館のサービスを段階的に戻し始めた際に来館者が「変わった」と思わせるレベルが必要だ。もし、長く臨時に休館しても見た目が何も変わっていなければ、「何をやっていたのか」と来館者は思うだろう。サインなど案内表示をリニューアルするだけでも館内の印象が変わる。書架のレイアウト変更は、書架そのものを移動するのは容易ではないために、来館者の動線や資料の利用状況をふまえて、イレギュラーを

承知のうえであえて入り口付近やカウンター周りに特定のNDC（日本十進分類表）分類を移動する。一般的なNDC分類の並び順は、ある場所を起点に0類「総記」から始まるが、よく利用される本が入り口から離れた奥まったところにあるよりは、近いほうが来館者にとっては便利だ。もちろん、イレギュラーな配置になるため、おしゃれなサインなど案内表示も設置して来館者にアピールする。

蔵書構築は図書館サービスの基本だが、除籍と蔵書評価が十分にできていない図書館があるので、臨時休館中に実施することで資料の新陳代謝の促進につながる。館内に利用者を入れていない状態では、職員はゆっくり落ち着いて書架を見て、借りられていない本を知ることができる。表紙が古びてページをめくって汚損や破損がある本が多いと、いくら出版年が新しい本、質が高い本があってもその書架そのものの魅力が半減してしまう。私たちが、スーパーで積まれているニンジンを取ろうとしたときに黒ずんでいるニンジンをたまたま発見し、一緒に置いてあることが気になってしまうのと同じである。

研修はいろいろなメニューが考えられる。特に、図書館の周辺環境を知るための地域資料・郷土資料の読み込みはおこなったほうがいい。図書館周辺にはどんな神社があるのか、お祭りはどのようなものがあるのか知らない職員がいる場合がある。また、図書館には「Word」や「Excel」などの資料も多く所蔵していることから、職員は基本操作を習得したほうがいいだろう。

個別担当業務は、職員それぞれができる範囲のものになってしまうが、ウェブサイトの見直しとリニューアルはぜひ検討してほしい。図書館を休館している状態では図書館の情報や状況を利用者、市民、ファンにわかりやすく伝える必要がある。図書館側が提供したい情報と、利用者、市民、ファンが知りたい情報のギャップを考えるといいだろう。図書館側の都合で情報を配置して見づらくなっていないかを見直して、ウェブサイトの改

表4-2　バックヤード業務例（筆者作成）

区分	詳細
業務分析	・カウンター ・資料管理 ・督促 ・行事 ・広報 ・電算 ・庶務
要領やマニュアルの作成と改訂	・資料収集方針 ・除籍基準 ・弁償基準 ・レファレンス規程 ・ボランティア対応 ・危機管理マニュアル ・備品の取り扱い ・開館準備 ・閉館準備
館内環境整理	・清掃 ・サインなど案内表示のリニューアル ・書架レイアウト変更 ・別置などコーナー設置
蔵書構築	・選書 ・除籍 ・蔵書評価
研修	・業務マニュアルの読み込み ・レファレンスに対応できるために参考図書の読み込み ・図書館周辺環境を知るための地域資料・郷土資料の読み込み ・最新の状況を知るために関連分野についての資料の読み込み ・オンライン上で提供されている関連する分野の研修 ・「Word」や「Excel」などの基本操作習得
個別担当業務	・イベントの企画と準備 ・展示の企画・準備 ・「図書館だより」の作成 ・パスファインダーの作成 ・ウェブサイトの見直しとリニューアル検討
アーカイブ	・新型コロナウイルス（COVID-19）感染症の対応記録と記憶

善をめざしたい。

　アーカイブは、新型コロナウイルス感染症について、図書館で対応した記録、掲示物や案内などの作成物や館内の写真、対応した職員の記憶を残すことである。10年後か20年後にまたウイルスによる感染症が流行したときに、現在の状況を残していれば参考になることはあるだろう。TRC-ADEACでは、グループ会社である図書館流通センター（TRC）が指定管理者として受託している図書館の協力で、提供を受けた新型コロナウイルス感染症対策関連の資料を「新型コロナウィルス感染症対策アーカイブ」[1]で公開している。東京都江戸川区立篠崎図書館と篠崎子ども図書館では、「図書館員が屋根のしたで読んだ本の話」という題名の冊子を作成して、来館者に配布している。これは、緊急事態宣言に伴う臨時休館で在宅勤務を余儀なくされた職員がどのように本と向き合ったのかという観点から書き記したものを冊子にまとめたものである。[2]

注
（1）　TRC-ADEAC「新型コロナウィルス感染症対策アーカイブ」（https://trc-adeac.trc.co.jp/Html/Home/9900000010/topg/901corona-arch/index.html）［2020年8月28日アクセス］
（2）　江戸川区「2020年（令和2年）8月13日 緊急事態宣言中に「図書館員が屋根のしたで読んだ本の話」を冊子にまとめて配付中」（https://www.city.edogawa.tokyo.jp/e004/kuseijoho/kohokocho/press/2020/08/0813-1.html）［2020年8月28日アクセス］

第5章

トイレ環境からみた新型コロナウイルス感染症対応

5.1 トイレ環境に注目した 背景と先行研究

　新型コロナウイルス感染症の主な感染経路は、接触感染と飛沫感染だけではなく、最近はエアロゾルも可能性があるといわれている。国内の公立図書館では緊急事態宣言解除後、状況を注視しながら段階的にサービス提供を戻しつつあるが、図書館員と来館者は感染のリスクを抱えている状況だ。

　図書館の事例ではないが、感染リスクが高いと想定される施設のなかで、来館者が使用するトイレがある。2020年5月3日に公開された国立感染症研究所の「ダイヤモンド・プリンセス号環境検査に関する報告（要旨）」によると、部屋のドアノブなど以外にトイレ周辺から新型コロナウイルスを検出したことが判明している[1]。新型コロナウイルスの国内初の院内感染が起きた和歌山県湯浅町の済生会有田病院では、感染経路としてトイレが浮かび上がった。すでに感染していた可能性がある患者がトイレを使用した際にドアノブなどにウイルスが付着したとみられ、ほかの患者も同じ箇所を触ったと推測できる[2]。和式大便器と洋式大便器の形状の差について、2012年にTOTOが公立小学校を対象におこなった調査がある。トイレ内の糞便由来菌汚染度（大腸菌数 CFU/㎠）は和式大便器周りが最も多かったため、靴を介して廊下や教室まで持ち込まれれば、子どもたちの手や口に至る可能性を指摘している[3]。

　公立図書館は誰でも利用できることから、それなりの数の来館者がトイレを使用していると考えられる。人口が多く1日あたりの新型コロナウイルス感染症新規感染者が多い東京都を例に挙げると、2018年度の東京都

葛飾区立図書館全体（13館）の1日平均来館者数は729人[4]、北区立図書館全体（15館）では677人[5]だった。

　公立図書館によってはトイレは和式大便器しかない場合も考えられることから、新型コロナウイルス感染症対策としてトイレ環境も検討したい。

　中国の研究グループによると、2020年2月1日から14日までの間に新型コロナウイルス感染症に感染した入院患者73人のうち男性25人、女性14人の39人（53.4%）の便から陽性を確認した。新型コロナウイルス感染症が気道で検出不可能な状態にまで減少しても、17人（23.2%）の便は陽性を示した[6]。

　李云云らは、流体力学の観点からトイレ洗浄中の流体とエアロゾル粒子の動きを調査した。その結果、流したときに便器からエアロゾル粒子を確認し、全体の40%から60%の粒子が便座の上に舞い上がって大面積散布を起こすことがあり、その高さは地面から1メートル6.5センチにも達した。この調査結果から3点を提言している。

①便座を使用する前に便座を除菌すること。

②流す前に便器のふたを下にしておくことで、基本的にウイルスの感染を防ぐことができる。

③水洗ボタンやドアハンドルにウイルス粒子が付着している可能性があるので、水洗後は手をよく洗うこと[7]。

　また、山本政宏らは、学校トイレの臭気発生メカニズムについて、ある公立小学校のトイレの一般生菌数、アンモニア付着量と臭気強度を測定した。その結果、湿式清掃トイレで目地がある和式便器周りの菌、アンモニア量、臭気強度が高かった。一方、乾式は全般的に湿式に比べて臭気強度が低かったが、洋式の大便器では特に常在臭が少ないという結果だった[8]。

　図書館関係に絞ると研究はほとんどおこなわれていなく、大学の司書資格の授業で使用する図書館施設論などのテキストにはトイレ環境についての記述はない[9]。

現状では新型コロナウイルス感染症の検体採取と実験をおこなうことは容易ではないが、接触で人に感染することから、ノロウイルスや大腸菌と同様のものとして考えるといいだろう。本章の目的は、トイレ環境の視点から公立図書館での新型コロナウイルス感染症対策にはどのようなものがあるのか、トイレ環境の現状を明らかにすることである。

　調査は、医師には6月26日に、トイレ総合メンテナンス会社アメニティには7月1日に、半構造化インタビューをおこなった。アメニティは、渋谷区などの公衆トイレ命名権を手掛けていて、トイレをきれいにした実績がある。半構造化インタビュー調査後に、公立図書館のトイレ環境の現状を把握するために、6月時点で全国538館を受託している図書館流通センターサポート事業推進室の協力を得て、運営を受託している図書館に対して質問紙調査をおこなった。質問紙調査の概要は以下のとおりである。

対象数　　538館（指定管理、委託、PFI）
配布期間　7月6日—20日
回収期限　7月20日
質問数　　10問
回答数　　265館（49.2%）

5.2　医師による見解とトイレの　　　　総合メンテナンス会社の既往データ

　医師によると、トイレ環境は手洗いも重要であり、水と石鹸を手動で出

便座スタンプ検査

便座 ATP 検査

操作ボタンスタンプ検査

操作ボタン ATP 検査

図5-1　検査の様子（写真提供：アメニティ）

　す場合はそこが汚れていることが多いため、自動であることが望ましい。手を洗ったあとはペーパータオルで水をきれいに拭き取ることができること、ゴミ箱は病院にあるような足で踏んでふたが開くものが理想である。

　アメニティによると、長野県北信保健福祉事務所がおこなったトイレを起点とするノロウイルス汚染拡大の検証では、和式大便器での水様性下痢便による跳ね返り実験を疑似水様性下痢便でおこなった。その結果、便が靴やズボン、便器周辺に跳びはね、手や服の袖口を汚染したことを確認した。アメニティは、洋式大便器でも、和式大便器ほどではないものの手や服の袖口に汚染が確認できる、としている。

　和式大便器は、洗い出し式が多く、便を流すときに勢いよく水が流れることから水やウイルス、菌の跳びはねがある。洋式大便器で汚物を流した

表5-1　トイレ診断結果

| 区分 | 採取場所 | 寒天培地 | | ATPふき取り検査
（単位:RLU） |
		大腸菌	大腸菌群	
男性	便座表面	検出	なし	3,225
	操作ボタン	検出	なし	2,335
女性	便座表面	なし	なし	366
	操作ボタン	検出	なし	9,188

（提供：アメニティ）

ときの音が大きいのは洗い落とし式のためで、ふたを閉めなければ和式大便器と同様に水やウイルス、菌の跳びはねがある。洋式大便器の主流は洗浄水が回転する方式であり、水や汚物の跳びはねは和式大便器よりも少ない。

　図5-1は検査の様子を示し、表5-1はアメニティが東京都内のある総合病院の外来用トイレを診断した結果である。女性用トイレにだけ除菌クリーナーを設置している。女性用トイレの便座表面に大腸菌検出「なし」とあるのは、除菌クリーナーがプラスにはたらいていると判断できる。しかし、操作ボタンには男性用・女性用ともに大腸菌が検出された。菌がもつATP（アデノシン三リン酸）を汚れの量として捉え数値化したATP拭き取り検査では、女性用トイレの便座表面以外に高い数値が検出された。トイレ業界では数値基準はないが、調理業界ではメーカーが設定した推奨環境があり、たとえば、まな板は500RLU以下が合格、500RLUから1,000RLUは注意、1,000RLU以上は不合格である。

　同じ病院のトイレの洗面所にある蛇口は自動センサーではなく、ハンドル式水栓だった。ここから大腸菌が検出され、ATP拭き取り検査は925RLUだった。石鹸吐き出し口の検査事例はないが、菌やウイルスが石鹸吐き出し口から入る可能性はあり、継ぎ足し時も危険だという意見があるという。

5.3 公立図書館でのトイレ環境の現状

　表5-2は、265館のアンケートの単純集計結果を示したものである。便器については、半数以上（62.6%）が和式大便器を設置している。洋式大便器に便座クリーナーを設置している図書館は少なく（28.3%）、ふたを設置している館では「ふたを閉めて流してください」などと掲示していないのが多数であることが明らかになった（70.7%）。自動センサーで汚物を流せない図書館も多かった（81.9%）。

　手洗い環境については、自動センサーによって蛇口から水が出る図書館は60.8%と若干多いものの、石鹸が自動ではない館が多数だった（93.2%）。洗ったあとでは、ハンドドライヤージェットタオルを設置している図書館はまだ少なく（22.3%）、設置している館のうち現在使用禁止にしていないところがわずかにあった（6.8%）。ペーパータオルを設置している図書館は一部だった（2.3%）。ゴミ箱を設置している図書館は半数を若干超え（54.7%）、設置している図書館ではふたを手で開けるものが過半数を上回った（52.4%）。トイレの清掃を1日3回以上おこなっている図書館は38.9%と少なかった。

『日本の図書館 統計と名簿2019』[11]を用いて回答館の竣工年、単独館・複合館の情報を合わせて和式大便器の有無を10年ごとに区分したのが表5-3である。1980年代と90年代は和式大便器がある図書館が多い。2010年代以降は和式大便器がない傾向がみられる。

　ペーパータオルを設置している6館について、1日あたりの来館者数などをまとめたものが表5-4である。B図書館は1日あたり1,371人の来館

表5-2　トイレ環境アンケート単純集計結果（筆者作成）

設問	回答館数（館）			
	はい		いいえ	
		%		%
1. 和式大便器はありますか	166	62.6	99	37.4
2. 洋式大便器に便座クリーナーを設置していますか	75	28.3	190	71.7
3. 大便器のふたを設置していますか	215	81.1	50	18.9
3a. 現在、「ふたを閉めて流してください」などの掲示をしていますか	63	29.3	152	70.7
4. 自動センサーで汚物を流せますか	48	18.1	217	81.9
5. 洗面所の蛇口は自動センサーですか	161	60.8	104	39.2
6. 石鹸は自動センサーで出ますか	18	6.8	247	93.2
7. ハンドドライヤージェットタオル設置していますか	59	22.3	206	77.7
7a. 現在使用禁止にしていますか	55	93.2	4	6.8
8. ペーパータオルを設置していますか	6	2.3	259	97.7
9. ゴミ箱を設置していますか	145	54.7	120	45.3
9a. ふたを手で開けるものですか	76	52.4	69	47.6
10. 清掃は1日3回以上ありますか	103	38.9	162	61.1

があり、和式大便器はなく、便座クリーナーを設置して洗面所の水は自動で出て、ゴミ箱のふたを手で開けることはない。

　医師やアメニティの見解をふまえると、今回の図書館に対しておこなったアンケート結果では、全体の傾向として新型コロナウイルス感染症対策としてのトイレ環境は十分とはいえない。古い図書館はトイレの改修まで手が回っていないことが考えられる。今後の図書館建築の研究や、図書館の新築や改修には、トイレ環境についても諸室と同様に対象とすべきである。

表5-3　年代別和式大便器の有無

年代	和式大便器あり		和式大便器なし	
	単独館（館）	複合館（館）	単独館（館）	複合館（館）
1950	0	1	0	0
1960	1	4	1	0
1970	6	7	2	6
1980	20	29	7	15
1990	27	38	5	8
2000	10	12	4	13
2010	2	9	3	32
2020	0	0	1	2
合計	66	100	23	76

（出典：日本図書館協会図書館調査事業委員会日本の図書館調査委員会編『日本の図書館 統計と名簿2019』〔日本図書館協会、2020年〕をもとに筆者作成）

表5-4　ペーパータオルを設置している図書館

図書館	年間来館者数（人）	開館日数（日）	1日あたり来館者数（人）	和式大便器の有無	便座クリーナーの有無	洗面所	ゴミ箱のふたを手で開ける
A	546,656	342	1,598	無	無	自動	いいえ
B	416,720	304	1,371	無	有	自動	いいえ
C	269,237	290	928	有	無	自動	はい
D	81,928	305	269	無	無	自動	いいえ
E	61,665	286	216	有	無	手動	はい
F	34,143	299	114	有	有	手動	いいえ
平均値	235,058	304	749	―	―	―	―
中央値	175,583	302	599	―	―	―	―

（出典：同書をもとに筆者作成）

5.4 今後の具体的な対応策と課題

5.4.1 ● 便器

　和式大便器から洋式大便器に変更するには1台30万円前後の費用がかかり、工事は、採用するメーカーによっては最短で2日でおこなえる。図5-2は和式大便器から洋式大便器への工事の様子を示したものである。洋式にすることで感染拡大のリスクは軽減できるが、費用と日数がかかるために図書館は財政課と関係部署への丁寧な説明が必要だ。大便器にふたがある場合は、「新型コロナウイルス感染症（COVID-19）拡大防止のため、ふたを閉めて流してください」と扉に掲示する。

5.4.2 ● 洗面所

　蛇口を自動センサーにする工事は1台5万円から6万円の費用がかかり、15分程度で可能である。ペーパータオルは、1日の来館者が600人程度であれば設置を検討する。実験的に設置することで、実際にどれだけの費用がかかるのかを具体的に把握できて、予算化を検討できる。
　また、感染拡大予防のために本書第2章の図2-3のように石鹸と流水の手洗い方法を掲示するといいだろう。

5.4.3 ● 交付金などの活用

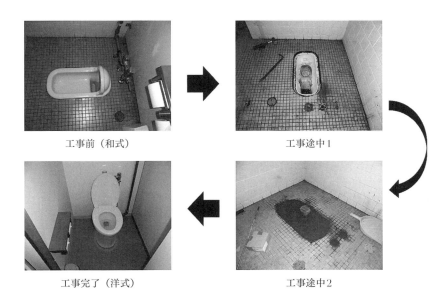

工事前（和式）　　　　　　　　工事途中1

工事完了（洋式）　　　　　　　　工事途中2

図5-2　和式大便器から洋式大便器への工事（写真提供：アメニティ）

　自治体内でトイレ改修の予算がつく可能性が低い場合には、新型コロナウイルス感染症対策対応地方創生臨時交付金の「新しい生活様式」をふまえた地域経済の活性化などに関する事業例にある社会的な環境整備「公園や社会教育施設、文化・スポーツ施設等における感染防止対策」に適応できないかを役所内部で協議することが望ましい。対策が十分ではない図書館は、国の交付金などの情報を日頃から注視して活用することを検討したい。

5.4.4 ● 今後の課題

　本調査は仮定による考察だけで、図書館のトイレで実際に検体を採取していない。検体を採取できる状況になれば、対策をさらに検討できる。そ

のうえ、国内の公立図書館は『日本の図書館 統計と名簿2019』によると3,311館あるので、サンプル数を増やすことでトイレ環境の傾向がより明らかにできる。

注

（1）　国立感染症研究所「ダイヤモンドプリンセス号環境検査に関する報告（要旨）」（https://www.niid.go.jp/niid/ja/diseas-es/ka/corona-virus/2019-ncov/2484-idsc/9597-covid19-19.html）［2020年7月26日アクセス］

（2）　「院内感染、どう封じ込めた？ 国内初の発生、済生会有田病院」「朝日新聞」2020年6月30日付、24面

（3）　TOTO「学校トイレに求められていること──衛生性を科学する」（https://jp.toto.com/products/public/school/needs/sanitary_science.htm）［2020年7月26日アクセス］

（4）　葛飾区立中央図書館編『葛飾の図書館──平成30年度事業年報』葛飾区立中央図書館、2019年、69ページ

（5）　東京都北区立図書館編『北区の図書館──令和元年度（平成30年度実績）』東京都北区立中央図書館、2019年、13ページ

（6）　Fei Xiao, Meiwen Tang, Xiaobin Zheng, Ye Liu, Xiaofeng Li and Hong Shan, “Evidence for Gastrointestinal Infection of SARS-CoV-2,” *Gastroenterology*, 158, 2020, pp. 1831-1833（https://doi.org/10.1053/j.gastro.2020.02.055）［2020年7月26日アクセス］

（7）　Yun-yun Li（李云云）, Ji-Xiang Wang（王霁翔）and Xi Chen（陈希）, “Can a toilet promote virus transmission? From a fluid dynamics perspective,” *Physics of Fluids*, Volume 32, Issue 6, 2020（https://doi.org/10.1063/5.0013318）［2020年7月26日アクセス］

（8）　山本政宏／横山純子／永田諒子／竹下朱美「学校トイレの臭気発生メカニズムに関する研究──床材と清掃方法の影響調査」「空気調和・衛生工学会大会学術講演論文集」第7巻、空気調和・衛生工学会、2013年、105─108ページ

（9）　中井孝幸／川島宏／柳瀬寛夫共著『図書館施設論』（JLA図書館情報学テキストシリーズⅢ）、日本図書館協会、2020年、高山正也／植松貞夫監修『図書館施設論』（現代図書館情報学シリーズ）、樹村房、2014年、福本徹、二村健監修『図書館施設特論』（ベーシック司書講座・図書館の基礎と展望）、学文社、2012年

（10）　長野県北信保健福祉事務所「トイレを起点とするノロウイルス汚染拡大に検証」（http://www.mac.or.jp/mail/140201/img/02_toile.pdf）［2020年7月26日アクセス］

（11）　日本図書館協会図書館調査事業委員会日本の図書館調査委員会編『日本の図書館 統

計と名簿2019』日本図書館協会、2020年

　なお、本章は、医師、アメニティ、図書館流通センターサポート事業推進室、アンケートに回答してくださった図書館のみなさまの協力と厚意で実施することができた。お礼を申し上げる。

第**6**章

電子図書館
（電子書籍貸出サービス）
の可能性

6.1 公立図書館の電子図書館（電子書籍貸出サービス）の概略

　国内の公立図書館の電子書籍導入は、2002年にイーブックイニシアティブジャパンと提携して電子化された岩波文庫（岩波書店）の作品を館内のパソコンで閲覧できるサービスを開始した北海道岩見沢市立図書館、05年に小説・実用書など約2,900タイトルをそろえ、携帯型の電子書籍専用端末機の閲覧と貸出を実施した奈良県生駒市立図書館が挙げられる。しかし、この2館は対応するベンダーの撤収に伴ってサービスを終了した。その後、07年11月に東京都千代田区立図書館がビジネス書や英語学習本など約3,000タイトルからの提供を開始した。

　公立図書館で、電子図書館（電子書籍貸出サービス）を提供し始めた頃はコンテンツ不足が否めなく、蔵書構築の観点からは蔵書として捉えるには評価が厳しかった可能性がある。『電子図書館・電子書籍貸出サービス調査報告2019』のアンケート結果によると、公共図書館の電子書籍貸出サービスで懸念される事項では、導入館（43館）の回答は「提供されるコンテンツ」が39館（90.7％）、未導入館（377館）は「電子図書館導入予算の確保」が343館（91.0％）と最も多かった（表6-1を参照）。また、電子書籍貸出サービスのコンテンツについて懸念していることで最も多かったのは、導入館のうち38館では、「提供されているコンテンツが少ない」33館（86.8％）と「新刊のコンテンツが提供されにくい」33館（86.8％）が同数で、「コンテンツの価格」29館（76.3％）が続いた（表6-2を参照）。このように、現在もコンテンツに対する懸念がうかがえる。

　コンテンツについては栗山正光が、新刊の文芸書が図書館向けに多く提

表6-1 公共図書館の電子書籍貸出サービスで懸念される事項（複数回答）

質問	導入館		未導入館	
	回答数	%	回答数	%
電子図書館導入予算の確保	21	48.8	343	91.0
担当部署、担当者の問題	5	11.6	103	27.3
図書館利用者からのニーズ	20	46.5	158	41.9
電子書籍貸出サービスの導入に対する費用対効果	24	55.8	263	69.8
電子書籍貸出サービスで提供されるコンテンツ	39	90.7	224	59.4
電子書籍貸出サービスが継続されるかどうか	16	37.2	181	48.0
図書館の電子資料をほかの図書館へ貸し出すための方法や基準	1	2.3	79	21.0
電子書籍貸出サービスを実施するための十分な知識（経験）がない	6	14.0	185	49.1
電子書籍貸出サービスを選択する場合の基準や方法がわからない	0	0.0	124	32.9
利用者に対する電子書籍貸出サービスの説明	9	20.9	72	19.1
その他（記載）	4	9.3	13	3.4
合計	145	—	1,745	—

（出典：植村八潮／野口武悟／電子出版制作・流通協議会編著『電子図書館・電子書籍貸出サービス調査報告2019』電子出版制作・流通協議会、2019年、20ページ）

表6-2 電子書籍貸出サービスのコンテンツについての懸念事項（複数回答）

質問	導入館		未導入館	
	回答数	%	回答数	%
提供されている電子書籍コンテンツのタイトル数が少ない	33	86.8	167	74.6
新刊のコンテンツが提供されにくい	33	86.8	131	58.5
コンテンツの規格がわかりにくい	3	7.9	74	33.0
コンテンツの価格	29	76.3	159	71.0
コンテンツ購入（提供）費用の会計処理の基準	1	2.6	80	35.7
コンテンツを閲覧するビューアが自由に選べない	8	21.1	83	37.1
その他（記載）	2	5.3	10	4.5
無回答	0	0.0	8	3.6
合計	109	—	712	—

（出典：同書21ページ）

供されるようになれば公共図書館での電子書籍貸出サービスが本格化する可能性はある。問題は著者・出版社と図書館の双方が納得できる契約の落としどころを見いだせるかどうかだろう[4]、と述べている。磯部ゆき江と三輪眞木子は、公共図書館と大学図書館に電子書籍コンテンツを提供している出版社などにアンケート調査（2012年）をして48社（37.8%）から回答を得、出版社が実際に提供しているコンテンツの1位は「学術書・専門書」70.8%、2位が「読み物・小説」25.0%、3位は「図鑑・事典・辞書」22.9%だったことを示した[5]。

ビジネスモデルとしては、池内淳が、公共図書館の電子書籍貸出サービス導入について、電子書籍貸出サービスの黎明期を脱却して普及させていく過程で、出版社・ベンダー・図書館の三者が単に電子書籍の販売者と購入者という関係に甘んじることなく、相互のインタラクションを通じて日本固有のビジネスモデルを構築していくことが望ましい[6]、と述べている。野口武悟と植村八潮は、公共図書館の電子書籍貸出サービスの課題を多くの視点から示し、図書館側としては、①会計処理基準の明確化、②「図書館資料」概念の見直し、③予算の確保、④職員の専門知識の向上がある[7]、と述べている。

コンテンツが充実すれば電子書籍を蔵書として検討する公立図書館は増えるだろうが、現在の公立図書館で何点利用できるのか、どのようなものがあるのかは明確ではない。さらに、電子書籍に関しては研究されているが、国内の公立図書館の電子図書館（電子書籍貸出サービス）の状況把握についてはあまりおこなわれていないのが現状である。

以上のことから、公立図書館向けの電子図書館（電子書籍貸出サービス）のコンテンツはどのようなものがあるのか、どれだけ利用されているのかを明らかにすることが、今後の電子図書館（電子書籍貸出サービス）の可能性を考えるうえで必要だろう。

コンテンツの分類別内訳や貸出回数などを分析するために、公立図書館

の電子図書館（電子書籍貸出サービス）導入シェア80.7％を占める（2020年1月1日時点）図書館流通センター電子図書館推進部（以下、TRCと略記）に4月2日にインタビュー調査とデータ提供を依頼したあと、選書タイトルリストと1年分の分類別利用状況データを借用した。その後、導入図書館に対する調査が必要と考え、簡易な質問紙で調査した。概要は以下のとおりである。

対象数　　ウェブサイトとメールで依頼できた59自治体（78.7％）
配布期間　4月6日—7日
回収期限　4月30日
質問数　　9問
回答数　　26自治体（44.1％）

6.2　システム概要

　TRCが現在提供しているのは、電子図書館サービス「LibrariE & TRC-DL」である。2016年10月31日にTRCと大日本印刷は、電子書籍コンテンツの普及をさらに推進するため、新刊小説やライトノベル、話題の実用書などのコンテンツをもつ日本電子図書館サービス（以下、JDLSと略記）と資本提携した。TRCのサービスは「TRC-DL（TRC-Digital Library）」といい、主に買い切り型で利用制限はなく1から3のライセンス数が設定されている。JDLSは「LibrariE（ライブラリエ）」といい、主

に条件付き1ライセンス1ユーザーだけに貸出可能であり、2年間または52回貸出可能なモデルを提供している。

　2020年3月1日時点で75自治体（275館）が導入していて、このうち、46自治体が LibrariE のコンテンツを有している。図書館システムと連携しているのは29自治体だった。図書館システム非連携版は、TRC-DL のサイトを立ち上げ、電子書籍だけを貸出・閲覧・返却できるサービスであり、図書館のウェブサイトに「電子図書館」のボタン（バナー）を追加し、それをクリックすることで TRC-DL のサイトに遷移するものである。図書館システム連携版は、非連携版の機能に加えて連携版独自の機能がある。具体的には、図書館のウェブサイトの「WebOPAC」から、紙の本と電子書籍ともに目的の書籍を検索することができる。図書館システムでログインすれば、TRC-DL 側でログインしなくても電子書籍だけを貸出・閲覧ができる。予約した本が準備できた際に、図書館システム経由で利用者にメールで通知することが可能である。

　電子書籍のコンテンツタイプにはさまざまなものがあり、整理したものが表6-3である。フィックスは印刷媒体と同じレイアウトで表示され、文字の大きさや縦書き／横書きの変更が不可で、イメージとしては PDF に近い。リフローは文章を中心とした電子書籍で、文字の大きさや本によっては縦書き／横書きの変更が可能であり、音声読み上げ機能もある。文字の拡大／縮小によって1行の文字数が自動的に変更するので、ページの概念がない。

　なお、図書館が提供する電子書籍というと一般向けと同様のものを想像してしまうだろう。しかし、表6-4に示すように、図書館向けの電子書籍はストリーミング形式であり、版元の許諾条件が貸出を含めた図書館利用の前提である。

　LibrariE & TRC-DL は、電子書籍として出版される商用コンテンツ、広報・観光ガイドなどの自治体出版物、デジタル化された貴重な資料など

表6-3　電子書籍のコンテンツタイプ（TRCの情報をもとに筆者作成）

種類	特徴
フィックス	・印刷媒体と同じレイアウトで表示 ・文字の大きさや縦書き／横書き変更不可
リフロー	・文章を中心とした電子書籍で、文字の大きさや本によっては縦書き／横書き変更可能 ・音声読み上げ機能あり
リッチコンテンツ	・アニメーションや3D（立体）など表示
動画コンテンツ	・動画再生
音声コンテンツ	・音声再生（オーディオブックなど）

表6-4　図書館向け個人向けの違い（TRCの情報をもとに筆者作成）

項目	図書館向け （LibrariE & TRC-DL）	個人向け
配信方式	ストリーミング形式	ダウンロード方式
閲覧端末	・Windows パソコン ・iOS 端末※ ・Android 端末※ ・Mac パソコン （※非対応もある）	・タブレットPC ・携帯 ・電子書籍端末など
版元の許諾条件	貸出を含めた図書館利用前提での許諾	個人利用としてだけ許諾

を電子図書館システムで一元管理することで、利用者が同一のプラットフォームから同様の操作でさまざまなカテゴリーの資料を閲覧することできる。これまで、電子書籍を閲覧するためには、専用の閲覧ソフトを事前にインストールする必要があったが、LibrariE & TRC-DL では、パソコン（WindowsPC、MacPC）でもスマホ・タブレット（iOS、Android）でも、ビューワインストールは不要である。

　さらに、LibrariE & TRC-DL は、サイトの閲覧、電子書籍の検索・貸出・閲覧・返却まで、すべての操作で高いアクセシビリティーを提供して

いて、ウェブアクセシビリティー規格である JIS X8341-3:2016 が規定する適合レベル「AA」に準拠している。障害者差別解消法をふまえて改定された「みんなの公共サイト運用ガイドライン」は、公的機関のウェブサイトなどは規定する適合レベル「AA」に準拠することを求めている。

　選書ツールは、大きく3点ある。1点目はネット上で見計らいができる選書専用サイトで、購入していないタイトルの本の中身まで確認でき、「いままでに購入の多かった本」など選書に役立つ情報や特集を紹介している。2点目は「月刊メルマガ」である。当月の新着コンテンツや季節先取りの特集、気になる他館の特集事例などの、選書に役に立つ記事を読むことができる。3点目はタイトルリストである。選書選定サイトから毎月新しいタイトルリストをダウンロードすることが可能であり、自館の購入履歴がついていることから二重発注を未然に防ぐことができる。

6.3　コンテンツの傾向

6.3.1●分類別内訳

　3月2日時点での選書できる TRC-DL コンテンツと、3月3日時点での TRC-DL ユーザーが選書可能な LibrariE コンテンツの内訳を、表6-5に示す（重複タイトル、「青空文庫」を除く）。全体として7万1,184タイトルを有し、分類別では9類「文学」（26.9%）が最も多い。TRC-DL は3類「社会科学」（20.2%）が最も多く、5類「技術」（10.0%）、外国語図書（9.6%）

表6-5　分類別内訳（TRC の情報をもとに筆者作成）

分類	TRC-DL		LibrariE		合計	
	タイトル	(%)	タイトル	(%)	タイトル	(%)
0類 総記	721	2.1	802	2.1	1,523	2.1
1類 哲学	1,352	4.0	2,292	6.1	3,644	5.1
2類 歴史	2,175	6.5	2,320	6.2	4,495	6.3
3類 社会科学	6,792	20.2	3,884	10.3	10,676	15.0
4類 自然科学	1,359	4.0	2,762	7.4	4,121	5.8
5類 技術	3,374	10.0	3,507	9.3	6,881	9.7
6類 産業	472	1.4	1,127	3.0	1,599	2.2
7類 芸術	1,239	3.7	1,863	5.0	3,102	4.4
8類 言語	744	2.2	857	2.3	1,601	2.2
9類 文学	2,490	7.4	16,679	44.4	19,169	26.9
児童図書	790	2.3	432	1.2	1,222	1.7
絵本・紙芝居	1,200	3.6	215	0.6	1,415	2.0
外国語図書	3,232	9.6	269	0.7	3,501	4.9
資格本	1,510	4.5	199	0.5	1,709	2.4
コミック	1,037	3.1	302	0.8	1,339	1.9
雑誌	3,188	9.5	34	0.1	3,222	4.5
音声・動画など	1,965	5.8	0	0.0	1,965	2.8
合計	33,640	100.0	37,544	100.0	71,184	100.0

と続いている。TRC-DL は音声・動画なども有している。LibrariE は、9類「文学」（44.4%）が最も多くを占めている。

　コンテンツタイプは表6-6に示したとおりであり、TRC-DL は音声動画を除いている。TRC-DL は、フィックスが多く、LibrariE はリフローが多いのが特徴である。リッチコンテンツは、TRC-DL にはあるが LibrariE にはない。

表6-6　コンテンツタイプ（TRCの情報をもとに筆者作成）

分類	TRC-DL							
	フィックス		リフロー		リッチコンテンツ		合計	
	タイトル	(%)	タイトル	(%)	タイトル	(%)	タイトル	(%)
0類 総記	650	2.9	71	0.8	0	0.0	721	2.3
1類 哲学	316	1.4	1,036	12.3	0	0.0	1,352	4.3
2類 歴史	1,792	7.9	383	4.6	0	0.0	2,175	6.9
3類 社会科学	3,363	14.8	3,424	40.8	5	0.8	6,792	21.4
4類 自然科学	1,092	4.8	255	3.0	12	2.0	1,359	4.3
5類 技術	2,664	11.7	710	8.5	0	0.0	3,374	10.7
6類 産業	374	1.6	98	1.2	0	0.0	472	1.5
7類 芸術	965	4.3	265	3.2	9	1.5	1,239	3.9
8類 言語	589	2.6	128	1.5	27	4.5	744	2.3
9類 文学	733	3.2	1,757	20.9	0	0.0	2,490	7.9
児童図書	612	2.7	178	2.1	0	0.0	790	2.5
絵本・紙芝居	726	3.2	44	0.5	430	71.9	1,200	3.8
外国語図書	3,097	13.7	29	0.3	106	17.7	3,232	10.2
資格本	1,485	6.5	16	0.2	9	1.5	1,510	4.8
コミック	1,036	4.6	1	0.0	0	0.0	1,037	3.3
雑誌	3,183	14.0	5	0.1	0	0.0	3,188	10.1
合計	22,677	100.0	8,400	100.0	598	100.0	31,675	100.0

LibrariE							
フィックス		リフロー		リッチコンテンツ		合計	
タイトル	(%)	タイトル	(%)	タイトル	(%)	タイトル	(%)
348	3.8	454	1.6	0	0.0	802	2.1
290	3.2	2,002	7.0	0	0.0	2,292	6.1
651	7.2	1,669	5.9	0	0.0	2,320	6.2
601	6.6	3,283	11.5	0	0.0	3,884	10.3
1,460	16.1	1,302	4.6	0	0.0	2,762	7.4
2,167	24.0	1,340	4.7	0	0.0	3,507	9.3
453	5.0	674	2.4	0	0.0	1,127	3.0
1,030	11.4	833	2.9	0	0.0	1,863	5.0
325	3.6	532	1.9	0	0.0	857	2.3
649	7.2	16,030	56.2	0	0.0	16,679	44.4
271	3.0	161	0.6	0	0.0	432	1.2
213	2.4	2	0.0	0	0.0	215	0.6
117	1.3	152	0.5	0	0.0	269	0.7
134	1.5	65	0.2	0	0.0	199	0.5
302	3.3	0	0.0	0	0.0	302	0.8
34	0.4	0	0.0	0	0.0	34	0.1
9,045	100.0	28,499	100.0	0	0.0	37,544	100.0

表6-7　分類別価格内訳（TRC の情報をもとに筆者作成）

分類	平均値		中央値		最低値		最高値	
	円	ライセンス数	円	ライセンス数	円	ライセンス数	円	ライセンス数
0類 総記	22,443	2.2	10,080	3	245	1	672,000	3
1類 哲学	4,046	1.8	3,360	1	368	1	162,960	1
2類 歴史	5,206	1.1	3,818	1	368	1	84,000	3
3類 社会科学	9,967	2.0	4,480	3	0	3	425,250	3
4類 自然科学	16,468	1.8	6,300	1	560	1	448,005	3
5類 技術	17,959	2.8	6,804	3	0	1	546,840	3
6類 産業	7,753	1.6	4,480	1	466	1	119,280	1
7類 芸術	7,495	1.7	4,368	1	245	1	280,000	3
8類 言語	12,792	1.7	4,480	1	540	1	360,000	3
9類 文学	4,486	1.2	1,470	1	234	1	73,920	3
児童図書	4,973	2.4	1,820	3	1,260	3	39,363	3
絵本・紙芝居	4,532	1.9	3,360	1	420	1	46,200	1
外国語図書	23,420	1.0	4,620	1	245	1	75,600	1
資格本	19,894	1.7	14,805	1	1,260	1	109,368	3
コミック	1,110	1.0	980	1	368	1	12,600	3
雑誌	30,978	1.0	7,000	1	0	1	189,000	3
音声・動画など	21,387	2.4	12,600	2	1125	3	210,000	1

LibrariE							
平均値		中央値		最低値		最高値	
円	ライセンス販売上限数	円	ライセンス販売上限数	円	ライセンス販売上限数	円	ライセンス販売上限数
5,633	9.9	3,640	10	254	10	42,000	10
3,537	9.9	3,360	10	222	10	25,200	10
3,291	9.9	3,080	10	280	10	24,640	10
3,801	9.9	3,360	10	266	10	184,800	10
4,478	9.9	3,780	10	266	10	61,600	10
4,242	9.9	3,500	10	280	10	84,000	10
3,816	9.9	3,640	10	420	10	53,200	10
4,102	9.9	3,640	10	222	10	26,600	10
3,513	9.9	3,360	10	532	10	21,000	10
2,132	9.7	1,680	10	226	10	63,000	10
4,387	10.0	3,840	10	1,260	10	15,120	10
2,277	10.0	1,201	10	518	10	9,072	10
1,206	10.0	1,201	10	518	10	15,120	10
4,196	10.0	3,360	10	2,128	10	15,960	10
3,421	9.9	3,080	10	840	10	7,560	10
1,390	10.0	957	10	957	10	2,800	10
—	—	—	—	—	—	—	—

表6-8 LibrariE の底本販売から販売開始までの年数（TRC の情報をもとに筆者作成）

分類	平均値 年	中央値 年
0類 総記	2.5	0
1類 哲学	2.4	2
2類 歴史	1.9	1
3類 社会科学	2.2	1
4類 自然科学	2.1	1
5類 技術	2.8	2
6類 産業	2.7	2
7類 芸術	3.0	2
8類 言語	3.2	2
9類 文学	3.7	2
児童図書	3.1	3
絵本・紙芝居	6.6	2
外国語図書	3.9	4
資格本	1.9	1
コミック	0.8	1
雑誌	2.7	2

表6-7は価格の内訳の平均値、中央値、最低値、最高値をそれぞれを示したものである。TRC-DL は、LibrariE よりも価格が高い傾向が出た。特に、最高値は極端に高い。

現在、私たちはネット書店で検索して、作家や本の分類によっては紙媒体とほとんど時差がなく電子書籍でも購入することができる。図書館の場合はどうなのか。LibrariE の底本販売から販売開始までの年数を整理したものが表6-8である。9類「文学」の平均値は3.7年だった。イメージとしては印刷媒体のハードカバーの小説が発売されてから文庫が出るタイミングに近いのではないだろうか。

6.3.2●貸出回数

導入館での全分類の2018年10月から19年9月までの貸出回数10位までを示したものが表6-9であり、児童図書が多くを占めている。『どうぞのいす』（香山美子作、柿本幸造絵、〔うごくえほんチルビー〕、モーニング）が712回の貸出だった。9類「文学」の貸出回数上位10位は表6-10に示したとおりである。すべて JDLS 提供のコンテンツであり、出版社は文藝春

表6-9　導入館での全分類貸出回数上位10位（2018年10月―19年9月）
（TRCの情報をもとに筆者作成）

順位	タイトル	出版社	NDC	貸出回数 (回)	購入館数 (館)	平均貸出回数 (回)
1	どうぞのいす	モーニング	K	712	26	27.4
2	札幌から行く日帰り温泉218湯	亜璃西社	291.1	658	1	658.0
3	うえへまいりまぁす	モーニング	K	528	21	25.1
4	魔法のかたづけ・収納術	PHP研究所	597.5	444	22	20.2
5	999ひきのきょうだい	モーニング	K	396	20	19.8
6	そらとぶパン	モーニング	K	382	12	31.8
7	自分がわかってしまう本	中西出版	148.8	376	4	94.0
8	ちびくろ・さんぼ	モーニング	K	250	10	25.0
9	おばけのマールとみんなのとしょかん	中西出版	E	248	10	24.8
10	マンガでわかるアスペルガー症候群の人とのコミュニケーションガイド	法研	493.7	229	16	14.3

表6-10　導入館での9類「文学」貸出回数上位10位（2018年10月―19年9月）
（TRCの情報をもとに筆者作成）

順位	タイトル	出版社	NDC	貸出回数 (回)	購入館数 (館)	平均貸出回数 (回)
1	鍵のない夢を見る	文藝春秋	913.6	169	24	7.0
2	さいはての彼女	KADOKAWA	913.6	168	22	7.6
3	64（上）	文藝春秋	913.6	145	25	5.8
4	鍵のかかった部屋	KADOKAWA	913.6	129	18	7.2
5	小説秒速5センチメートル	KADOKAWA	913.6	119	18	6.6
6	あまからカルテット	文藝春秋	913.6	116	19	6.1
7	対岸の彼女	文藝春秋	913.6	101	21	4.8
8	小説言の葉の庭	KADOKAWA	913.6	96	9	10.7
9	ソロモンの犬	文藝春秋	913.6	94	18	5.2
10	ワーキング・ホリデー	文藝春秋	913.6	89	14	6.4

秋とKADOKAWAが占めている。最も貸出が多かったのは『鍵のない夢を見る』（辻村深月、〔文春文庫〕、文藝春秋、2015年）の169回だった。

6.4　導入図書館の傾向

6.4.1●電子図書館サービスLibrariE & TRC-DLの利用状況

　アンケート調査による利用状況を整理したものが表6-11である。表頭の貸出回数は借りるボタンを押した回数、閲覧回数は読むボタンを押した回数、コンテンツ回転率は蔵書回転率を示している。

　コンテンツ数が最も多い自治体Yは利用が多い。自治体Jは商用コンテンツを購入せずに、地域資料などの独自コンテンツだけの運用をおこなっている。自治体Aは貸出回数、閲覧回数、コンテンツ回転率が最も多い。自治体Aは利用促進のための取り組みとして、電子図書館に特化した専用リーフレットを両面カラーで作成・配布し、定期的に「図書館だより」に特集記事を掲載している。

　人口1,000人あたりでは、自治体Rが貸出回数、閲覧回数が多い傾向がみられ、利用促進のための取り組みとして、市内広報誌に毎月、貸出ランキング・新着コンテンツを掲載し、電子図書館にもある資料を借りた際に電子版を紹介するなどのサービスをおこなっている。

6.4.2 ●アンケート結果

　利用状況以外の質問項目に対する回答を以下に記す。18館（69.2%）は、選書できる商用コンテンツは充実していないと考えている傾向にあった（表6-12を参照）。また、19館（73.1%）は、選書できるコンテンツは高価だと回答している（表6-13を参照）。ある自治体の回答には、「紙の資料や個人向けの電子書籍と比較して実際に高いが、公共図書館で電子書籍として提供することによる、出版社の逸失利益を考慮しての価格設定と理解している」と記載があった。

　自治体Jを除いた2020年度の電子書籍の商用コンテンツ購入予算の平均値は、199万3,609円であり、予算費目は、17館（65.4%）が資料費だった（表6-14と表6-15を参照）。

　新型コロナウイルス感染症の影響による電子図書館（電子書籍貸出サービス）の利用については、利用が増加したと回答した自治体は21館（80.8%）だった（表6-16を参照）。自治体Aは「貸出数が1日約150件から約300件増加」、自治体Jは「通常の2倍」などの回答もあった（表6-17を参照）。アンケート調査後に臨時休館した図書館では、さらに利用が伸びた可能性がある。

表6-11　電子図書館サービス LibrariE & TRC-DL の利用状況（筆者作成）

自治体	人口	導入年月	図書館システム 連携	図書館システム 非連携	テキスト版サイト	LibrariE コンテンツあり
A	1,952,348	2014年4月2日	○		○	○
B	172,373	2015年12月13日		○	○	○
C	273,243	2016年6月6日		○	○	
D	106,013	2014年10月18日		○		○
E	1,292,016	2016年3月3日	○			○
F	563,178	2018年4月2日	○		○	○
G	48,410	2018年11月1日	○		○	
H	52,148	2017年11月1日		○	○	○
I	838,823	2012年11月11日	○			
J	161,926	2012年7月1日				
K	807,013	2020年1月6日		○	○	
L	386,161	2017年1月12日	○		○	
M	186,009	2016年2月2日	○		○	○
N	91,913	2014年7月1日	○		○	○
O	840,622	2011年1月8日	○			
P	267,642	2019年11月1日		○	○	○
Q	48,440	2013年10月1日		○	○	○
R	65,905	2018年7月1日		○	○	
S	186,649	2016年11月1日		○	○	○
T	48,722	2011年3月21日		○	○	○
U	255,309	2012年4月1日		○	○	○
V	161,861	2013年8月1日		○	○	
W	725,289	2017年10月18日		○	○	
X	48,643	2016年3月1日		○	○	○
Y	734,317	2019年11月1日	○		○	○
Z	22,970	2013年2月14日	○			○
合計			12	14	21	18
平均			—	—	—	—

※コンテンツ数は2020年4月1日時点、貸出回数と閲覧回数は2019年度

コンテンツ数（タイトル）			貸出回数	閲覧回数	コンテンツ	人口1,000人あたり	
合計	商用	独自	（回）	（回）	回転率 （%）	貸出回数 （回）	閲覧回数 （回）
8,540	6,838	1,702	51,712	164,063	605.5	26.5	84.0
8,016	7,972	44	460	868	5.7	2.7	5.0
7,685	7,627	58	1,087	5,283	14.1	4.0	19.3
8,691	8,398	293	239	1,506	2.7	2.3	14.2
7,252	7,147	105	41,882	97,717	577.5	32.4	75.6
8,934	8,882	52	15,200	37,669	170.1	27.0	66.9
783	783	0	229	223	29.2	4.7	4.6
3,382	3,382	0	630	1,263	18.6	12.1	24.2
4,335	4,335	0	948	—	21.9	1.1	—
209	0	209	87	514	41.6	0.5	3.2
856	772	84	707	3,601	82.6	0.9	4.5
4,719	4,616	103	9,188	17,383	194.7	23.8	45.0
3,466	3,461	5	3,941	8,812	113.7	21.2	47.4
2,045	1,987	58	519	563	25.4	5.6	6.1
7,594	7,539	55	12,992	—	171.1	15.5	—
7,163	7,148	15	3,154	8,325	44.0	11.8	31.1
6,118	6,064	54	525	1,453	8.6	10.8	30.0
9,011	8,992	19	2,527	6,994	28.0	38.3	106.1
666	651	15	1,474	2,496	221.3	7.9	13.4
3,409	2,734	675	604	1,453	17.7	12.4	29.8
1,867	1,726	141	10,130	13,554	542.6	39.7	53.1
1,088	1,082	6	273	863	25.1	1.7	5.3
4,980	4,975	5	1,244	3,241	25.0	1.7	4.5
7,388	7,277	111	308	1,359	4.2	6.3	27.9
9,708	9,708	0	9,918	23,597	102.2	13.5	32.1
4,175	1,622	2,553	218	1,086	5.2	9.5	47.3
132,080	125,718	6,362	170,196	403,886	—	—	—
5,080	4,835	245	6,546	16,829	119.2	12.8	32.5

表6-12 選書できるコンテンツ
（筆者作成）

選択肢	回答	
		(%)
充実している	1	3.8
普通	7	26.9
充実していない	18	69.2
合計	26	100.0

表6-13 選書できるコンテンツの価格
（筆者作成）

選択肢	回答	
		(%)
高い	19	73.1
普通	3	11.5
高いとは思わない	4	15.4
合計	26	100.0

表6-14 2020年度の電子書籍の商用コンテンツ購入予算（筆者作成）

項目	予算（円）
平均値	1,993,609
中央値	1,000,000
最高値	9,000,000
最低値	300,000

表6-15 電子書籍の商用コンテンツ購入予算費目（筆者作成）

選択肢	回答	
		(%)
資料費	17	65.4
役務費	1	3.8
使用料および賃借料	3	11.5
その他	5	19.2
合計	26	100.0

表6-16 新型コロナウイルス感染症による利用状況（筆者作成）

選択肢	回答	
		(%)
増加した	21	80.8
変化はない	4	15.4
減少した	1	3.8
合計	26	100.0

表6-17　新型コロナウイルス感染症による利用増加の具体例（筆者作成）

自治体	具体例
A	貸出数が1日約150件から約300件増
F	サービス一部休止をおこなう前後11日間で貸出数56%増
J	通常の2倍
P	3月は前月から利用者36人・冊数214冊増
W	3月は前月から貸出数120件、閲覧数218件、登録者数50人増
Z	3月は閲覧数3倍、貸出数5倍

6.5　考察と今後の課題

　現在選書できる電子書籍のコンテンツ数は、合計で7万1,184タイトルと少なくはない。TRC-DL と LibrariE ではそれぞれに充実している分類の傾向がみられ、特に LibrariE は文学が豊富である。アンケートでコンテンツが充実していないと回答が多かったのは、新刊数が影響している可能性が考えられる。そして、価格は高く、実際に高いと回答した図書館も多かった。印刷媒体や個人向けの電子書籍と比較した場合、図書館向け価格は高いが、電子図書館（電子書籍貸出サービス）をさらに普及させるには、著者や出版社の理解が得られる価格設定にしたい。アンケート調査では、予算を資料費で計上している自治体が多いことがわかったが、商用データベースと同様に使用料と賃借料でもいいのではないだろうか。

　新型コロナウイルス感染症によって利用が増加していることから、出版

社・ベンダーがコンテンツを拡充したり導入している図書館が PR したりすることで、ほかの自治体が新型コロナウイルス感染症対応地方創生臨時交付金を活用して導入を検討する可能性がある。図書館サービスを止めずに続けるための手段のひとつとして、電子図書館（電子書籍貸出サービス）は有用ではないだろうか。

　今回の調査は4月におこなったものであることから、コンテンツ数が大幅に増加している可能性がある。導入を検討する際には、余裕をもって最新の情報を入手したほうがいいだろう。

注

（1）疋田恵子「公共図書館における電子本の導入」、国立国会図書館関西館図書館協力課編「カレントアウェアネス」第280号、日本図書館協会、2004年、7―9ページ、「電子書籍の機関利用――図書館」、国立国会図書館関西館図書館協力課編「電子書籍の流通・利用・保存に関する調査研究」（「図書館研究リポート」No.11）、国立国会図書館関西館図書館協力課、2009年、68―71ページ
（2）「ネットで電子書籍貸し出し　期限過ぎると「消滅」東京・千代田区立図書館」「朝日新聞」2007年11月17日付夕刊、13面
（3）植村八潮／野口武悟／電子出版制作・流通協議会編著『電子図書館・電子書籍貸出サービス調査報告2019』電子出版制作・流通協議会、2019年
（4）栗山正光「電子書籍と図書館――日本の現状と課題」「専門図書館」第282号、専門図書館協議会、2017年、2―8ページ
（5）磯部ゆき江／三輪眞木子「公共図書館への電子書籍サービス導入――公共図書館と出版社の視点」「日本図書館情報学会誌」第60巻第4号、日本図書館情報学会、2014年、148―164ページ
（6）池内淳「公共図書館における電子書籍サービス」「情報の科学と技術」第67巻第1号、情報科学技術協会、2017年、25―29ページ
（7）野口武悟／植村八潮「公共図書館における電子書籍サービスの現状と課題」「日本印刷学会誌」第52巻第1号、日本印刷学会、2015年、25―33ページ

　本章は、情報を提供していただいた TRC とアンケートに回答してくださった各図書館のみなさまの協力と厚意で実施できた。お礼を申し上げる。

おわりに

　本書を読んだ方は、図書館での新型コロナウイルス対策として「これは使える」「こんなのは無理だ」とさまざまな感想をもつかもしれない。本書は、新型コロナウイルス感染症の感染拡大防止と図書館活動を継続することを両立させるにはどのようなことができるのかの一例を示したものであり、図書館の状況に応じて活用いただけたら幸いである。

　一人ひとりが基本の3密回避、手指衛生、換気などの感染防止対策をしていればある程度は防げるが、どれだけ対策していても感染してしまうことはある。もし自分が感染したら「コロナになった」と極端に落ち込むことなく、まずは治療を優先する。職場の同僚が感染したとしても、差別しないことが大切である。新型コロナウイルス感染症自体もそうだが、差別や誹謗中傷も深い被害を与える。ストレスがたまれば、特定の集団や個人を憂さ晴らしするかのようにたたき、街の規模が小さくなればなるほどSNSよりも早く感染者を特定して噂話が一気に広がる。新型コロナウイルス感染症を介した人と人の分断は避けなければならない。

　現在の生活に不安はつきもので後ろ向きになりやすいが、自分自身がどうすればいいのかを積極的に考えたほうが仕事を含めた日々の生活が楽しくなるだろう。そのためには、日々情報が流れているなかで図書館員としてもっている情報検索能力や情報を評価する力を生かして、情報を取捨選択していけばいいと確信している。

［著者略歴］
吉井 潤（よしいじゅん）
1983年、東京都生まれ
慶應義塾大学大学院文学研究科図書館・情報学専攻情報資源管理分野修士課程修了
図書館総合研究所主任研究員、都留文科大学非常勤講師
地域資料デジタル化研究会監事、三田図書館・情報学会会員、日本図書館協会会員
著書に『29歳で図書館長になって』『仕事に役立つ専門紙・業界紙』（ともに青弓社）、『知って
得する図書館の楽しみかた』（勉誠出版）、共著に『絵本で世界を学ぼう！』『つくってあそぼう！
──本といっしょに、つくってかがくであそぼう』『図書館の活動と経営』（いずれも青弓社）な
ど

図書館の新型コロナ対策ガイド

発行————2020年10月26日 第1刷

定価————1800円＋税

著者————吉井 潤

発行者————矢野恵二

発行所————株式会社青弓社
〒162-0801 東京都新宿区山吹町337
電話 03-3268-0381（代）
http://www.seikyusha.co.jp

印刷所————三松堂

製本所————三松堂

ISBN978-4-7872-0075-4 C0000

吉井 潤／柏原寛一

絵本で世界を学ぼう！

子どもも大人も多くの国を知って、自分たちとは異なる文化や習慣、さまざまな価値観を理解しよう！　105の国の国旗や地図、人口などの基本情報を示し、その国の絵本1冊を選んでポイントを紹介する。フルカラー。　定価1800円＋税

吉井 潤／柏原寛一

つくってあそぼう！

本といっしょに、つくってかがくであそぼう

工作を楽しんだり科学遊びで知識を広げたり、子どもたちの好奇心は旺盛。大人数でも材料は100円ショップを活用すれば無理なくできるプログラムを子ども図書館での実施例から紹介する。工作の型紙と参考文献も。定価1800円＋税

吉井 潤

仕事に役立つ専門紙・業界紙

専門紙など400を分析して、図書館のレファレンスサービスや、ビジネス・起業・就活にも役立つように専門用語を避けてガイドする。図書館のビジネス支援や高校生・大学生が社会を知る一助としての最良のツール。定価1600円＋税

吉井 潤

29歳で図書館長になって

想像と創造ができるための図書館を協働して作ろう！　「人・もの・金」を確保してサービスを提供するにはどうしたらいいのか、旧来の殻を打ち破る大胆な施策を提案し、利用者に身近な情報拠点作りを呼びかける。定価2000円＋税

嶋田 学

図書館・まち育て・デモクラシー

瀬戸内市民図書館で考えたこと

住民の興味・関心を「持ち寄り」、利用者は世界中の本から自身の気づきを「見つけ」、わかる喜びをほかの人と「分け合う」。情報のナビゲートで主体性の確立とまちの活性化を促す図書館のあり方を提示する。　定価2600円＋税